© Meier Buchverlag Schaffhausen 2008
www.meierbuchverlag.ch

Bild Umschlag: Beatrix Roth Tuor
Layout und Produktion: Anja Künast
Korrektorat: Jacqueline Preisig
Druck: Druckerei Flawil

ISBN 978-3-85801-189-3

Urs Paul Engeler
Mario Tuor

Trittst im Morgenrot

Ein Fussballbuch
zum Mitreden, Mitsingen und
Mitbeten

MEIER BUCHVERLAG
SCHAFFHAUSEN

Der Schweizerpsalm

Trittst im Morgenrot daher,
Seh' ich dich im Strahlenmeer,
Dich, du Hocherhabener, Herrlicher!
Wenn der Alpenfirn sich rötet,
Betet, freie Schweizer, betet!
Eure fromme Seele ahnt
Eure fromme Seele ahnt
Gott im hehren Vaterland,
Gott, den Herrn, im hehren Vaterland.

Kommst im Abendglühn daher,
Find' ich dich im Sternenheer,
Dich, du Menschenfreundlicher, Liebender!
In des Himmels lichten Räumen
Kann ich froh und selig träumen!
Denn die fromme Seele ahnt
Denn die fromme Seele ahnt
Gott im hehren Vaterland,
Gott, den Herrn, im hehren Vaterland.

Ziehst im Nebelflor daher,
Such' ich dich im Wolkenmeer,
Dich, du Unergründlicher, Ewiger!
Aus dem grauen Luftgebilde
Tritt die Sonne klar und milde,
Und die fromme Seele ahnt
Und die fromme Seele ahnt
Gott im hehren Vaterland,
Gott, den Herrn, im hehren Vaterland.

Fährst im wilden Sturm daher,
Bist du selbst uns Hort und Wehr,
Du, allmächtig Waltender, Rettender!
In Gewitternacht und Grauen
Lasst uns kindlich ihm vertrauen!
Ja, die fromme Seele ahnt,
Ja, die fromme Seele ahnt,
Gott im hehren Vaterland,
Gott, den Herrn, im hehren Vaterland.

«Der Schweizerpsalm ist das einzige Lied, das zu lernen sich wirklich lohnt», sagt Ludovic Magnin, Ersatzcaptain und Linksverteidiger der Schweizer Nationalmannschaft, «das habe ich mir schon in der Schule gut überlegt – für den Fall, dass ich einmal in der Fussball-Nati spiele.» Magnin gehört zur Gruppe der begeisterten, ja schreienden Hymnensänger des Teams: «Es ist für mich eine Ehre, vor dem Spiel dieses Lied zu singen und mein Land zu verteidigen. Nur Marco Streller singt vielleicht noch lauter als ich.»

Trittst im Morgenrot daher

Sieben Fragen an den Berner Theologen und Professor Dr. Andreas Marti, Inhaber des einzigen Schweizer Lehrstuhls für Hymnologie. Marti ist Mitglied der Internationalen Arbeitsgemeinschaft für Hymnologie (IAH); «Methodik und Didaktik der Hymnologie» sind seine Arbeits- und Forschungsschwerpunkte:

Herr Professor Marti, singen Sie den Schweizerpsalm vor Fussball-Länderspielen mit?
Andreas Marti: «Ich gehe nicht an Fussballspiele.»

Was sagt Ihnen die Zeile «Trittst im Morgenrot daher»?
«Sie evoziert ein kitschig geschöntes Bild der Schweizer Alpen.»

Stärkt das Singen der Hymnen die Spieler? Schafft die Hymne eine besondere Verbindung zwischen Spielern und Zuschauern?
«Wissenschaftlich ausgedrückt, ist eine Hymne ein gruppenindizierendes Lied, das den Zusammenhalt einer bestehenden Vereinigung verstärken soll. Die Feierlichkeit kann auch ein Gemeinschaftserlebnis im Stadion schaffen.»

Wann sollen Landeshymnen gesungen werden?
«Hymnen werden eigentlich nur noch im Sport eingesetzt. Im politischen Raum singt lediglich die politische Rechte die Landeshymne. Genauer: Der Schweizerpsalm wird praktisch nur noch von der SVP intoniert. Der Versuch des damaligen Nationalratspräsidenten Max Binder (SVP), den ganzen Rat die Hymne singen zu lassen, war ein mässiger Erfolg. Die Idee hat sich nicht durchgesetzt.»

Warum plädieren Sie für eine «moderne» Landeshymne? Hymnen aber sind archaisch, sie holen ihre Kraft aus der Vergangenheit.
«Das ist richtig; die Verbindung zur Tradition ist auch wichtig. Doch die Bilder und Werte des Schweizerpsalms sind definitiv überholt. Die Aussagen funktionieren einfach nicht mehr. Das Gegenbeispiel ist Deutschland, das einen Hymnentext gefunden hat, der eine Verbindung zur Vergangenheit schafft ohne überlebte Inhalte.»

Ist die Anrufung Gottes («Betet, freie Schweizer, betet») vor einem Fussballmatch Blasphemie?
«Ja, das ist reine Gotteslästerung.»

Wer wird Fussball-Europameister 08?
«Deutschland.»

Marco Streller: «Ich singe die Hymne auf Schweizerdeutsch, aber nicht ganz so laut wie Ludo Magnin.»

Captain Alex Frei: «Es gibt nichts Unmusikalischeres als mich. Ich kann nicht singen. Aber bei der Nationalhymne versuche ich, zumindest mitzusingen.»

«Ich singe nicht», sagt der im Vorfeld der Euro 08 verletzte Verteidiger Patrick Müller. Schon über 75-mal hat er im Nati-Dress «stolz», aber ohne Regung der Nationalhymne zugehört.
Können Sie nicht singen?
«Doch, ich singe gerne. Aber ich kenne den Text nicht.»
Den könnten Sie ja lernen, oder?
«Nein.»
Warum nicht?
«O.k. Warum nicht?»

«Ich singe immer», sagt Daniel Gygax, der für die Mannschaft jeweils den DJ gibt, «die erste Strophe kenne ich seit Kindsbeinen.» Dass Text und Melodie «nicht modern» sind, stört Technofan Gygax nicht: «Ich finde es eine schöne Hymne.»

Goalie und Hobbygitarrist Pascal Zuberbühler überkommen «tiefe patriotische Gefühle und Stolz», sobald die Hymne erklingt. Am schönsten sei das Lied, wenn er es selbst singe.

Für Tranquillo Barnetta ist das Mitsingen ein «Ritual, das dazu gehört, nicht im Sinne eines Gebetes, sondern eine Konzentrationsübung, die totale Fokussierung auf den Match, der gleich beginnt».

Der 1,92 Meter grosse Innenverteidiger Johan Djourou summt mit einem «special feeling», so gut, wie es eben geht: «Ich kenne den Text nicht.»

Christoph Spycher freut sich, wenn bei Heimspielen das ganze Publikum einstimmt, singt aber nur «ein bisschen» mit: «Ich selbst bin keine tragende Stimme.»

Johan Vonlanthen, auch Gitarrenspieler, singt nicht: «Ich kenne das Lied schon, aber die andern singen ja auch nicht.»

Die kleine Umfrage bei den Spielern und die Beobachtungen vor dem Bildschirm ergeben:

Nichtsänger sind: Patrick Müller, Hakan Yakin, Masseur Fredy Häner, Fabio Coltorti, Gökhan Inler, David Degen, Xavier Margairaz, Blaise NKufo.

Mitsummer sind: Johan Djourou, Christoph Spycher, Assistenztrainer Michel Pont, Fabio Celestini.

Sänger sind: Captain Alex Frei, Ludovic Magnin, Pascal Zuberbühler, Tranquillo Barnetta, Diego Benaglio, Marco Streller, Daniel Gygax, Trainer Köbi Kuhn, Stephan Lichtsteiner, Philippe Senderos, Philipp Degen, Stéphane Grichting, Raphaël Wicky.

Ab und zu singen: Gelson Fernandes, Johan Vonlanthen und der Kultkommentator am helvetischen Bildschirm, Bernard («Beni») Thurnheer: «Während der Hymne stehen wir auf und sind ruhig. Nur ein einziges Mal habe ich gesungen, 2005 vor dem Match Türkei – Schweiz in Istanbul. Aber da hat man's nicht gehört, weil alle gepfiffen haben.»

Noch direkter und viel emotionaler als das – mittlerweile vom Trikot auf die Stulpen verbannte – weisse Kreuz auf rotem Grund stellt heute der Schweizerpsalm das Band her zwischen Publikum und Nationalteam. Zuschauer und Team akzeptieren diese Erkennungsmelodie nicht nur, sie verstehen und nutzen sie als magische Kraft. Seit das Lied «mit etwas mehr Tempo gespielt wird», hat auch Nati-Coach Jakob («Köbi») Kuhn keine Mühe mehr mit der feierlichen Weise. Als er mit der Rückennummer 5 am 11. November 1962 in Amsterdam beim EM-Qualifikationsspiel gegen die Niederlande zu seinem ersten Länderspiel antrat, spielte die Musik noch zu den alten Schlachtparolen «Rufst du mein Vaterland!», «Heil dir, Helvetia!» und «Hast noch der Söhne ja!» die Melodie der englischen Hymne «God save the Queen». Die Schweiz mit Kuhn verlor mit 1:3 Toren.

«Der Schweizerpsalm ist eine aus harmonischen und rhythmischen Gesichtspunkten zu schwierige Komposition, um allgemein Eingang beim Volke zu finden.» Mit diesem Satz fasste der Bundesrat in seinem Protokoll der Sitzung vom 4. Juni 1894 seine musikalischen Erwägungen zur idealen Landeshymne zusammen. Mit einer Eingabe hatte ein C. L. Romieux, Gesangslehrer und Redaktor der Zeitschrift «L'Avenir musical» in Genf, verlangt, das Lied «Trittst im Morgenrot daher» möge zur schweizerischen Nationalhymne erklärt werden.

Die Skepsis der Landesregierung stützte sich auf ein Gutachten der Centralkommission des eidgenössischen Sängervereins, das mit fünf gegen eine Stimme zum Schluss kam, der Schweizerpsalm sei als Nationallied ungeeignet. Dieser Meinung sind viele Bundesräte noch heute. Innen- und Kulturminister Pascal Couchepin bekannte am 22. März 2006 im Nationalratssaal: «Immerhin erkenne ich die Melodie sofort, wenn sie jemand anstimmt. Ich öffne dann meinen Mund und versuche, ab und zu einige Worte zu formen.» Zu singen aber wagt er nicht, aus Gründen der Staatsräson: «Ich fürchte, meinem Land Schande zu bereiten, weil ich so schlecht singe.»

«Stellen Sie sich vor, die Euro 2008 wird eröffnet, und die Schweizer Fussball-Nati steht mit zugekniffenen Lippen da, während die Schweizer Landeshymne gespielt wird. Bilder von solchen Szenen sind bekannt; ich habe ein Muster dabei.» (Die Rednerin Margret Kiener Nellen, Berner SP-Nationalrätin, zeigt ein Dokument. Es ist ein Bild aus der «Berner Zeitung» vom 31. Juli 2004.) Mit ihrer Motion wollte sie den Schweizerpsalm als Landeslied abschaffen. Die frauensportliche Feministin mochte «den Schwulst und das Pathos des 19. Jahrhunderts» nicht mehr länger mithören, störte sich am «patriarchalen, nationalen Gottesbild» sowie an der «Gebetsartigkeit» des Textes und vor allem am «ausschliesslichen Ansprechen der Männer». Das «nationalreligiöse Konstrukt des Gottes im Vaterland» sei zudem isolationistisch und führe zu Fremdenfeindlichkeit, Abschottung und direkt in einen neuen Nationalismus.

Der Gesamtbundesrat antwortete Nationalrätin Kiener Nellen ganz im Sinne der gläubigen Fussballgemeinde und der grossen Mehrheit der Nationalmannschaft: «Gerade der pathetische und religiöse Charakter der aktuellen Landeshymne» sei «ein identitätsstiftendes Moment».

Die Schweiz habe eine «exzellente und grossartige Landeshymne», ergänzte alt Nationalratspräsident Max Binder (SVP, ZH), die nie und nimmer – und vor allem nicht im Hinblick auf die nahende Euro 08 – geändert werden dürfe: «Stellen Sie sich vor, die Schweiz würde Europameister und niemand würde die Landeshymne kennen, die dann vielleicht gespielt werden müsste. Nein, gerade jetzt und für immer sollten wir diese Melodie für uns behalten.» Als er 2003/2004 die grosse Kammer präsidierte, zwang er die Volksvertreterinnen und Volksvertreter, im Saal gemeinsam den Schweizerpsalm zu singen.

Kiener Nellen hat ihre Forderung kleinlaut zurückgezogen. Das Bild aus der «Berner Zeitung», das die Juristin im Nationalrat herumgezeigt hatte, war, weil zu stark übertrieben, nicht beweiskräftig: Kein einziger Spieler des Elferkollektivs singt darauf, auch der überzeugte Hymniker Pascal Zuberbühler nicht. Also musste der Fotograf zu einem Zeitpunkt abgedrückt haben, als ganz sicher nicht der Schweizerpsalm intoniert wurde.

Wenn vor dem Match die Hymne gespielt wird, dann singt die sportbegeisterte Volksvertreterin «meistens» doch mit. Kiener Nellen gibt sich jedoch weiterhin «beelendet», wenn sie «mit ansehen muss, dass die gesamte Equipe die Lippen zukneift und an etwas ganz anderes denkt». Und ganz aufgegeben hat die Sozialdemokratin trotzdem nicht. Auf Anfrage verschickt sie weiterhin ihr untaugliches «Beweismittel»: die Fotografie der Nationalmannschaft, die gemeinsam nicht singt.

Der Schweizerpsalm ist Lied Nr. 519 im offiziellen Gesangbuch der evangelisch-reformierten Kirche der deutschen Schweiz, Ausgabe 1998. Im deutschen Gesangbuch «Laetitia» wurde das Schweizerwerk im letzten Jahrhundert unter dem Titel «Deutscher Psalm» mit der textlichen Änderung «Betet, deutsche Brüder, betet!» geführt.

Nachdem Fabienne Louves, TV-Music-Star der dritten Staffel, im Dezember 2007 im Schweizer Fernsehen den Schweizerpsalm in einer Soul-Version zum Besten gegeben hat, will die Hymnenabschafferin Kiener Nellen im Euro-Jahr politisch nochmals aktiv werden. Per Motion verlangt sie, das Bundesamt für Kultur (BAK) müsse, auf der Basis der jetzigen Melodie, einen Textwettbewerb ausschreiben, der die politischen Vorgaben der SP-Frau erfülle: kulturelle Vielfalt, humanitäre Tradition, Öffnung des Landes, feministische Werte und so weiter.

Der Schweizerpsalm, der laut Feministin Kiener Nellen ausschliesslich Männer anspricht, wird auch vor den Partien des Nationalteams der Frauen abgespielt. Bis heute ohne Proteste. Die gestiegene Akzeptanz des Liedes beim Männerteam ist auch einer Frau zu verdanken: Die Walliser Rocksängerin Sina, «früher selber Grümpelturnier-Fussballerin», übte Anfang 1997 die Melodie einen halben Tag mit der Mannschaft ein. «Es war allerdings mehr ein Gaudi als eine Singlektion, die ernst genommen wurde», erinnert sich die prominente Lehrerin. Um den Nachhilfeunterricht zu vereinfachen, wurde der Text der ersten Strophe auf die Rückseite der roten Dresses gedruckt. So musste nur die vorderste Reihe die Verse der ersten Strophe auswendig lernen. Diese Leibchen wurden über Fanshops auch verkauft.

Wenn der FC Nationalrat zu einem «offiziellen» Spiel gegen Ratskollegen aus dem Ausland antritt, wird, wie echt, der Schweizerpsalm intoniert. Selbst die mitkickenden links-grünen Frauen singen dann das archaischpatriarchale Lied mit. «Aus voller Kehle, selbstverständlich», betont die St. Galler Sozialdemokratin Hildegard Fässler, im Team seit 1997. Auch der grüne Torwart Geri Müller (Aargau) und die grüne Baselbieterin Maya Graf, als ehemalige Handballerin mit Ballgefühl ausgestattet, singen. Graf hat bereits einmal ein Tor erzielt, im Mai 2007 im Badener Stadion Esp gegen die deutschen Abgeordneten.

Die «Coop-Zeitung» liess 2003 bei der Leserschaft eine Umfrage zur Kenntnis der Hymne machen:

Kenne alle vier Strophen 4%
Kenne zwei Strophen 4%
Kenne erste Strophe 18%
Kenne den Textanfang 41%
Kenne Hymne gar nicht 33%

Zum ersten Mal wurde der Schweizerpsalm an einem Länderspiel am 21. Juli 1945 gespielt. Es war das Jubiläumsspiel zum 50-jährigen Bestehen des Schweizerischen Fussballverbandes (SFV) zwischen der Schweiz und England im Berner Wankdorf-Stadion. Dieses Spiel taucht in der offiziellen Länderspielstatistik des SFV allerdings nicht auf. Vor 40 000 Zuschauern, darunter FIFA-Präsident Jules Rimet, General Henri Guisan und den FDP-Bundesräten Max Petitpierre und Karl Kobelt, siegte die Schweiz mit 3:1 Toren.

Der Berner CVP-Nationalrat Norbert Hochreutener bei einer der Ratsdebatten über die richtige Landeshymne: «Ich bin der Meinung, dass der Bundesrat im Jahre 1961 keine besonders glückliche Hand hatte, als er den Schweizerpsalm als Landeshymne einführte. Nicht wegen der Melodie, auch nicht unbedingt wegen des Textes, sondern wegen der Länge. Für eine wirklich populäre Landeshymne ist der Schweizerpsalm mit all seinen Strophen einfach zu lang.» Im irischen Freistaat seien zu Beginn des 20. Jahrhunderts während des Abspielens der überlangen Hymne zwei der acht Minister erschossen worden.

Die Bundespräsidentin 2007, die sozialdemokratische Aussenministerin und Hobbysängerin im Westschweizer Fernsehen, Micheline Calmy-Rey, braucht die Melodie des Schweizerpsalms als Klingelton ihres Bundesratshandys. Französisch lautet die erste Strophe mit dem gottesfürchtigen Refrain übrigens:

«*Sur nos monts, quand le soleil*
Annonce un brillant réveil,
Et prédit d'un plus beau jour le retour,
Les beautés de la patrie
Parlent à l'âme attendrie;
Au ciel montent plus joyeux
Les accents d'un cœur pieux,
Les accents émus d'un cœur pieux.»

Das Abspielen der Hymnen vor offiziellen Länderspielen hat den Charakter eines nationalistischen Schlachtrufs gewonnen, einer von Mannschaft und Fans gemeinsam formulierten und von Politikern durchaus gewünschten Kampfansage an den Gegner. Der damalige deutsche Innenminister Otto Schily beklagte sich 2004 in einem Interview mit der «Zeit» bitterlich über den fehlenden Willen der deutschen Equipe zum kollektiven Kriegsgesang: «Ich kann mich an eine Szene erinnern, bei der Europameisterschaft in Holland. Die Portugiesen fassten sich an den Händen und sangen mit Inbrunst ihre Nationalhymne. Unsere Spieler standen schlaff auf dem Rasen. Der eine oder andere hat allenfalls ein bisschen mitgebrummelt. Ich habe damals gesagt: Die werden verlieren. Und so kam es auch. Insofern ist es gut, sich mit dem Singen der Hymne aufzubauen.»

Bei der Fussball-Weltmeisterschaft 1966 in England wurden zum ersten und bisher einzigen Mal vor dem Anpfiff von Weltmeisterschaftsspielen keine Nationalhymnen gespielt. Grund dafür war der politische Umstand, dass Gastgeber England zum WM-Teilnehmer Nordkorea keine diplomatischen Beziehungen unterhielt und darum das Abspielen der nordkoreanischen Hymne verweigerte. Um den diplomatischen Skandal zu vermeiden, beschloss der Weltfussballverband FIFA, während des Turniers auf sämtliche Nationalhymnen zu verzichten. Nur das Finale zwischen England und Deutschland – in der Verlängerung vorentschieden durch das bis heute umstrittene und wohl unechte «Wembley-Tor» zum 3:2 von Geoff Hurst – war von dieser Regelung ausgenommen.

Die Nordkoreaner kamen auch ohne das melodiöse Aufputschmittel auf Touren. Sie besiegten in der Vorrunde Italien mit 1:0 und führten im Viertelfinal gegen Portugal nach einer halben Stunde noch sensationeller mit 3:0 – bevor Portugals Star Eusébio da Silva Ferreira (genannt «Die schwarze Perle» oder «Der schwarze Panther») mit vier Toren die Ehre des Favoriten knapp retten konnte. Das Spiel endete 5:3 für Portugal.

Zu einem Skandal, über den gerne der dicke Mantel des Schweigens gelegt wird, kam es vor dem WM-Finale 1954, dem «Wunder von Bern», im Wankdorf-Stadion. Beim Abspielen der deutschen Hymne sangen die Spieler Deutschlands voller Inbrunst die nach dem Zweiten Weltkrieg verbotene erste Strophe des Deutschland-Liedes: «Von der Maas bis an die Memel, von der Etsch bis an den Belt, Deutschland, Deutschland über alles, über alles in der Welt.» Hans-Christian Ströbele, Bundestagsabgeordneter der deutschen Grünen und Neffe des legendären deutschen Reporters am WM-Final in Bern, Herbert Zimmermann, äussert sich im deutschen Lehrmittel «Politik und Unterricht» von 2005 zum schockierenden Auftritt: «Natürlich war das ein Gesang, der ungeheuer vorbelastet war. Das war das Risiko der neuen deutschen Nationalhymne, dass man die alte genommen hat und nur die erste Strophe weggelassen hat. Doch was hätten sie singen sollen? Die haben den neuen Text doch gar nicht gekannt.» Schon kurz nach der WM 1954 hatte der Deutsche Fussballbund (DFB) entschuldigend gemeint: «Diese Anteilnahme war nicht Ausdruck überspitzten Nationalgefühls, in ihr schlug vielmehr das warme Gefühl des Volkes, eine echte Freude, die immer gutartig ist.»

Am 11. Mai 2002 spielten im französischen Cupfinal in Paris der bretonische Verein Lorient und der korsische Club Bastia gegeneinander. Als während der Darbietung der Nationalhymne, der Marseillaise, zahlreiche (separatistisch gesinnte) Bastia-Fans zu pfeifen begannen, enervierte sich in seiner Ehrenloge Staatspräsident Jacques Chirac derart, dass er den Präsidenten des Fussballverbands anschrie, so werde der Final nicht angepfiffen. «Einige dumme Leute haben die Marseillaise ausgebuht. Das ist intolerant und nicht zu akzeptieren», schimpfte Chirac und verliess seine Loge. Erst nach 20 Minuten konnte das Spiel beginnen. Dan Lodi, Chef einer korsischer Organisation, meinte in einem Zeitungsinterview: «Wir wussten, dass 80 000 Zuschauer im Stadion und Hunderttausende zu Hause vor dem Fernseher zusahen. Davon wollten wir profitieren, um die Leute auf die Problematik der politischen Gefangenen aufmerksam zu machen. Der eigentliche Eclat war, dass Staatspräsident Chirac aufgestanden und gegangen ist. Gar eine Katastrophe war, als er wieder zurückgekommen ist.» Lorient gewann 1:0. Jacques Chirac übergab, wie es Tradition ist, den Pokal.

Der österreichische Bundespräsident Heinz Fischer sagte im Oktober 2005 gegenüber der Zeitung «Kurier»: «Ich halte es für eine Unart und fast primitiv, die Hymne eines anderen Landes auszupfeifen. Wenn ich einen ausländischen Staatsmann zu Gast habe, zum Beispiel den deutschen Bundespräsidenten im vergangenen Sommer bei einem Fussballmatch Österreich – Deutschland, und die ausländische Hymne wird ausgepfiffen, tut mir das wirklich weh. Es ist mir peinlich. Kurz vorher hat man ihn im Burghof mit militärischen Ehren empfangen. Hat sich vor der Fahne des Gastlandes verneigt, und dann wird drei Stunden später im Stadion die Hymne ausgepfiffen.» Österreich verlor den Match mit 1:3 Toren.

Im Berner Stade de Suisse, vor dem (vor-)entscheidenden Barrage-Spiel um die Teilnahme an der Endrunde der Fussball-Weltmeisterschaft 2006 gegen die Türkei, pfiffen die Schweizer Fans laut und lange gegen die türkische Hymne. FIFA-Präsident Joseph (Sepp) Blatter schlug nach diesem Berner Hymnenskandal in der «Schweizer Illustrierten» vor, das Abspielen von Hymnen vor Fussballspielen abzuschaffen. «Das war eine derartige Respektlosigkeit und eine Verletzung des nationalen Stolzes. Ich frage mich, ob es überhaupt noch Sinn macht, Nationalhymnen abzuspielen.» Das war einer der vielen Vorschläge Sepp Blatters, die ohne Effekt verpufften. Bei der Zeremonie vor dem Rückspiel in Istanbul wurde die Schweizer Hymne ebenso gnadenlos ausgebuht. Die Schweiz verlor «nur» 2:4 und qualifizierte sich dank der Auswärtstore für die Endrunde in Deutschland.

Gar nicht singen können die spanischen Nationalspieler. Die Landeshymne («La Marcha Real», deutsch: «Der Königsmarsch») hat nur eine Melodie, aber keinen offiziellen Text. Das spanische Team, vor jeder Welt- oder Europameisterschaft als Anwärter auf den Titel oder zumindest als Geheimfavorit gehandelt, hat lediglich einen einzigen Pokal geholt. 1964 wurde Spanien, im eigenen Land und bei dürftiger Beteiligung, Europameister. An der Endrunde nahmen lediglich vier Mannschaften teil: Spanien, Ungarn, Dänemark und die Sowjetunion. Der deutsche Trainer Sepp Herberger hatte diesen Wettbewerb als reine Zeitverschwendung bezeichnet.

Spanische Politiker verschiedener Parteien wollen die Nationalhymne mit einem Text versehen. Die Initiative wird von vielen spanischen Sportlern unterstützt, die nicht länger stumm sein wollen. Der Jurist Jorge de Esteban urteilt: «Eine Hymne ohne Worte ist ein nationaler Irrweg. Nicht nur, weil in der heutigen Welt die rund 200 Länder unseres Planeten einen Text singen können, sondern weil eine Hymne ohne Worte wie ein Auto ohne Benzin ist: Sie hat keine Daseinsberechtigung. Doch nun geht es um die heikle Frage des Textes. Die politischen Parteien, die diese Initiative ergriffen, werden sich nie auf einen Text einigen können, das haben ähnliche Versuche in der Vergangenheit gezeigt.» Das spanische olympische Komitee (NOK) – «Eine gesungene Hymne fördert das Gefühl der Zusammengehörigkeit!» – soll zu «La Marcha Real» einen passenden Text suchen. Das NOK hat den heiklen Auftrag an die spanische Autorenvereinigung SGAE weitergereicht, die ihrerseits einen Wettbewerb ausschreiben will. Der Sprecher des spanischen Fussballverbandes (RFEF): «Das ist eine fabelhafte Idee. Die Spieler unserer Nationalelf hatten schon seit langem nach einer Hymne zum Mitsingen verlangt.»

Keinen Text haben auch die Hymnen von Herzegowina («Intermeco»), San Marino («Inno Nazionale della Repubblica») und – in der ersten Version – auch die der früheren DDR, der Deutschen Demokratischen Republik. Später wurde der Melodie Robert Johannes Bechers «Auferstanden aus Ruinen» als Text unterlegt.

Die öffentliche Kritik, dass die Schweizer Stars, die für die Ehre des Landes kickten, der Eidgenossenschaft zu wenig Reverenz erwiesen und die Hymne nicht mitsängen, war bereits Mitte der achtziger Jahre laut geworden. Patriot Andy Egli (77 Länderspiele, 1979–1994, acht Tore) hatte darum in Eigenregie die erste Strophe auf kleine Zettelchen gedruckt und seinen Mitspielern verteilt. Die sportliche Wirkung war bescheiden. Die folgenden zwei Spiele gegen Russland in Moskau und gegen Irland in Dublin gingen trotz Eglis Initiative beide klar verloren (0:4 bzw. 0:3). «Danach haben wir wieder aufgehört zu singen und uns wieder aufs Fussballspielen konzentriert», erinnert sich der Basler Stürmer Beat Sutter, der zwischen 1983 und 1994 60 Länderspiele absolvierte und 13 Tore schoss. Es folgte ein 0:0 gegen die Türkei in St. Gallen.

Viele Nationalhymnen haben einen militärischen Ursprung, wie etwa das US-amerikanische Star-Bangled-Banner, der irische Soldier's Song oder das französische Schlachtlied «La Marseillaise». Die Briten lassen mit «God save the Queen» respektive «God save the King» das Königshaus hochleben.

Einen ausgeprägt religiösen, sakralen Charakter wie der Schweizerpsalm hat die isländische Hymne Lofsöngur, die – wie der Schweizerpsalm – auch in kirchlichen Gesangbüchern des Landes abgedruckt ist. Gemeinsam ist den beiden Liedern auch der zögerliche Prozess der Einführung als Landeshymne. Lofsöngur (zu Deutsch: Lobgesang) wurde 1874 zum Anlass der tausendjährigen Besiedelung Islands von einem gemischten Chor uraufgeführt. Und als das Land 1918 seine Unabhängigkeit feierte, wurde das Lied als Nationalhymne gesungen. Doch erst 1983 erhielt Lofsöngur durch ein Gesetz offiziellen Status. Vorher wurde oft der Text «Eldgamla Isafold» – wie das schweizerische «Rufst du mein Vaterland» – zur Melodie des britischen «God save the Queen» intoniert, was zu vielen Verwechslungen geführt hatte.

Als Teil von Grossbritannien hat Schottland keine eigene Nationalhymne. Seit 1997 wird vor offiziellen Spielen des schottischen Fussballverbandes «The Flower of Scotland» gespielt und gesungen. Das Lied stammt aus der Feder von Roy Williamson (1936–1990), dem Gründer der Folklore-Band «The Corries». Das Lied wurde von schottischen Rugbyfans entdeckt und erstmals 1974 als Ersatzhymne verwendet. «The Flower of Sotland» behandelt den Kampf von William Wallace und Robert the Bruce gegen den englischen König Edward II., insbesondere den Sieg Roberts in der Schlacht von Bannockburn. Bei Spielen gegen England werden die beiden letzten Zeilen mit besonderer Inbrunst gesungen: «Die aufstanden gegen des stolzen Edward Heer und ihn heimwärts schickten, um noch einmal darüber nachzudenken.» Schottland konnte sich nach einer Niederlage im letzten Spiel gegen Italien nicht für die Euro 08 qualifizieren.

Georg Kreis, der Basler Historiker mit dem Monopol, in den helvetischen Medien Europa, die Schweiz und deren Symbole zu deuten, erklärte salbungsvoll: «In der Landeshymne kommt eine sonderbar oszillierende Mischung von Gegebenheiten zusammen: Sie ist ein allgemein bekannter und zugleich doch wenig populärer Referenzpunkt; sie fristet eine klägliche Randexistenz und muss doch ständig vorhanden sein; sie steht für erhabene Vaterlandsgefühle und wird zu niederen Werbezwecken mehr oder weniger schamlos eingespannt.

«Ich höre sehr gern Nationalhymnen, da bekomme ich das Kribbeln», bekannte Ottmar Hitzfeld schon vor zehn Jahren, damals als Sportdirektor bei Borussia Mönchengladbach. Er selber spielte als Profi nie in der deutschen Nationalmannschaft, erzielte jedoch als Amateur 1972 in der deutschen Olympia-Auswahl an den Olympischen Spielen in München in fünf Spielen fünf Tore.

 Die Schöpfer des Schweizerpsalms starben beide, bevor in der Schweiz ein Mensch mit einem Fussball spielte. Mit den Versen «Trittst im lichten Morgenrot daher, Hocherhabener» überraschte 1841 Leonhard Widmer seine Freunde vom Zuger «Bienenzirkel». Die politischen Wirren in der aufgewühlten Eidgenossenschaft drückten auf die Stimmung im ganzen Land; der Sonderbundskrieg zwischen den konservativen und den liberalen Kantonen warf bereits seine Schatten voraus. Als der reformierte Widmer seinen vierstrophigen Text vorgetragen hatte, reagierte die Runde gepackt. Sie zeigten sich begeistert, wie genau die Hymne ihre Gefühlslage erfasst hatte, und wandten sich umgehend an den ebenfalls in Zug weilenden katholischen Pater Alberik Zwyssig, damit er Widmers Schweizerpsalm ein «würdiges, musikalisches Kleid gebe». Priester und Musikus Zwyssig fand allerdings keine Zeit für eine neue Komposition und wählte aus seinen älteren Werken das Graduale, zu dem allerdings Widmers Worte nicht genau passen wollten. Er modifizierte darum den Text wie auch die Melodie laufend, bis alle Unebenheiten beseitigt waren.
Vier Sänger trugen den Psalm am 22. November 1841 im ersten Stock des Klosters St. Karl in Zug erstmals vor. Alberik Zwyssig verstarb 1854 im Kloster Mehrerau in Österreich. Auf dem Kreuz über seinem Grab steht die Inschrift «Hier ruht der Komponist des Schweizerpsalms». Leonhard Widmer stieg ins Lithographen-Geschäft ein und wurde an der Zürcher Marktgasse im Haus «Zur Treu» erfolgreicher Verleger von Liedersammlungen und Gesangheften für Schulen und Chöre. Er verstarb 1868, elf Jahre vor der Gründung des ältesten Schweizer Fussballclubs, des FC St. Gallen.

Bereits im Jahr 1843 war das Lied im «Festheft der Zürcher Zofinger für die Feier der Aufnahme Zürichs 1351 in den Schweizerbund» enthalten. Dank Übersetzungen in die romanischen Sprachen wurde der Schweizerpsalm rasch populär; insbesondere an patriotischen Feiern wurde er regelmässig gesungen. Zwischen 1894 und 1953 kam es zu zahlreichen politischen Vorstössen, um das Lied anstelle von «Rufst du mein Vaterland» zur offiziellen Nationalhymne zu erheben, was der Bundesrat stets ablehnte: Eine Landeshymne lasse sich nicht per Dekret einführen; sie müsse vom Volk gewählt werden. Nachdem zunehmende internationale Kontakte zu immer mehr Verwechslungen wegen der mit der englischen Königshaushymne identischen Melodie geführt hatten, beschloss der Bundesrat 1961, dass der Schweizerpsalm als unverwechselbare und rein schweizerische Schöpfung anzuschauen sei und deshalb als provisorische Nationalhymne zu gelten habe. 1965 erfolgte die vorläufige Anerkennung als offizielle Hymne. Sechs Kantone hatten gegen den Schweizerpsalm votiert; zwölf hatten sich für die neue Hymne ausgesprochen; sieben hatten die Probezeit verlängern wollen. Am 1. August 1981 wurde der Schweizerpsalm definitiv und offiziell zur neuen Landeshymne erklärt.

Mehrere Denkmäler und Gedenktafeln erinnern in der Schweiz an den Komponisten des Schweizerpsalms, Pater Alberik Zwyssig. 1897 setzten ihm die Zuger ein Denkmal. Ein Jahr später wurde ihm eine Gedenktafel in der Kapelle St. Karl in Zug gewidmet. 1900 erfolgte die Prägung einer Gedenkmünze. 1901 errichtete sein Heimatort Bauen im Kanton Uri ihm ein Denkmal. 1910 wurde das Schweizerpsalm-Denkmal am Zürichhorn in Zürich erstellt. 1933 kaufte eine Stiftung sein Geburtshaus in Bauen. Die heutigen Stiftungszecke sind: «Erhaltung des Geburtshauses des Komponisten des Schweizerpsalms und Errichtung einer ‹Alberik Zwyssig-Leonhard Widmer-Gedenkstätte› im Zwyssig-Haus, Gewährleistung des Gastwirtschaftsbetriebs im Zwyssig-Haus und in der dortigen Gedenkstätte».

Uri, der Heimatkanton Zwyssigs, spricht dem Psalm offiziell eine integrierende Kraft ab: Der Regierungsrat lehnte im September 2007 eine Forderung aus den Reihen der Schweizerischen Volkspartei (SVP) ab, die das Erlernen der Landeshymne zu einem festen Bestandteil des Unterrichts an den Urner Schulen machen wollte. Landrat Gusti Panzer hatte mit seiner Eingabe verlangt: «Die Nationalhymne ist eines der wenigen Symbole, welches in der vielschichtigen Schweiz dessen Einheit widerspiegelt und die Einheit stärkt. Gerade deshalb müsste der Schweizerpsalm als Bestandteil des grundlegenden Wissens sowie als wertvolles Mittel zur Integration der ausländischen Schulkinder in der Volksschule gefördert werden. Denn nur wenn die Nationalhymne in der Volksschule gelernt wird, kann sie nachhaltig ins Gedächtnis aufgenommen werden. Darausfolgend würde die Hymne auch wieder in Staat und Gesellschaft gepflegt.»

Die Regierung erklärte, die Nationalhymne sei nicht in der Liste der empfohlenen Lieder im Lehrplan enthalten. Zwar könne das Singen der Hymne eine identitätsstiftende Wirkung entfalten. Doch: «Analysiert man den Text des Schweizer Psalms, dürfte es schwierig sein, mit diesem aus dem 19. Jahrhundert stammenden Lied identitätsstiftende und kulturelle Inhalte schulisch zu vermitteln.»

Die Schweiz ist das einzige Land, von dem an derselben Fussball-Weltmeisterschaft zwei verschiedene Hymnen gespielt wurden. Vor dem Match vom 20. Juni 1954 gegen England im Berner Stadion Wankdorf spielte, um Verwechslungen vorzubeugen, die Berner Kavallerie-Bereitermusik den Schweizerpsalm. Zuvor hatte sie die englische Königshymne gespielt, deren Melodie identisch ist mit der damaligen Schweizer Nationalhymne «Rufst du mein Vaterland». Die Schweiz verlor mit 0:2 Toren.

Beim Entscheidungsspiel gegen Italien am 23. Juni 1954 in Basel wurde gar keine Hymne gespielt, wie tags darauf die «Nationalzeitung» in ihrem Matchbericht schrieb: «Ohne dass die Nationalhymnen gespielt werden, gibt der Schiedsrichter den Kampf frei.» Die Schweiz gewann mit 4:1 und qualifizierte sich für den Viertelfinal gegen Österreich. Diese Begegnung ging in Lausanne mit 5:7 Toren verloren und ist bis heute das torreichste Spiel an einer WM-Endrunde geblieben. Das «Journal de Genève» listete alle elf Schweizer Spieler auf und kommentierte: «Soit neuf Romands et deux Alémaniques!»

Vor dem Eröffnungsspiel der WM-Endrunde 1954 – Frankreich unterlag Jugoslawien mit 0:1 – am 16. Juni in Lausanne hatte Bundespräsident Rodolphe Rubattel (FDP) die 5. Fussball-Weltmeisterschaft offiziell eröffnet, worauf die Union Instrumentale die offizielle Schweizer Nationalhymne spielte, also «Rufst du mein Vaterland».

Die spanische Autorin Rosa Montero amüsierte sich im Juli 2007 über einen Schnitzer des designierten belgischen Premierministers Yves Leterme. Statt der belgischen Nationalhymne hatte Leterme die französische Marseillaise angestimmt. «Als ich von dieser Geschichte erfuhr, war ich platt», sagte Rosa Montero. «Ich dachte mir: Dieser Mann ist ein Held. Man stelle sich ein Land vor, das von allem billigen Nationalismus frei ist – frei von dieser nationalistischen Inbrunst, die im Verlaufe der Jahrhunderte so viel Blutvergiessen hervorgebracht hat. Eine Welt, in der die Tatsache, in einer bestimmten Gegend dieser Welt geboren zu sein, nicht wie ein persönliches Verdienst erscheint.» Sie fuhr fort: «Wenn doch unsere Politiker auch einmal die Hymnen verwechseln würden. Die Kastilier würden (die baskische Hymne) ‹Eusko Gudariak› singen; die Basken summten die spanische Hymne (die ohne Text ist); die Andalusier schmetterten die (offizielle katalanische) Hymne ‹Els Segadors› und die Katalanen wiederum ‹Asturias, patria querida› (die Hymne des Fürstentums Asturiens). Ich bin sicher, es ginge uns allen viel besser.»

In den neunziger Jahren gab es in Österreich mehrere erfolglose politische Vorstösse, die Textzeile der Bundeshymne «Heimat bist du grosser Söhne» geschlechtsneutral mit «Töchtern» zu ergänzen. Am 17. April 2002 überraschte die österreichische Soulsängerin Tini Kainrath vor dem Fussball-Länderspiel Österreich – Kamerun im Wiener Ernst-Happel-Stadion das Publikum mit der Textzeile «Grosse Töchter, grosse Söhne, Volk begnadet für das Schöne» – allerdings ohne nachhaltige Wirkung. Weder setzte sich der neue Hymnentext durch, noch siegte Österreich in diesem Spiel.

 Die Hymnen der 16 Teilnehmer der Endrunde der Euro 08 (alphabetisch geordnet) heissen:

Deutschland Deutschlandlied
«Einigkeit und Recht und Freiheit für das deutsche Volk»

Frankreich La Marseillaise
«Auf, Kinder des Vaterlands, der Tag des Ruhms ist da»

Griechenland Freiheitshymne
«Ich erkenne dich an der Klinge des Schwertes des Gewaltigen»

Italien Inno di Mameli
«Brüder Italiens, Italien hat sich erhoben»

Kroatien Lijepa na_a domovino
«Unsere schöne Heimat, heldenhaftes liebes Land»

Niederlande Het Wilhelmus
«Wilhelm von Nassau bin ich, von deutschem Blut»

Österreich Bundeshymne
«Land der Berge, Land am Strome, Land der Äcker, Land der Dome»

Polen Mazurek Dbrowskiego
«Noch ist Polen nicht verloren»

Portugal	A Portuguesa «*Helden des Meeres, edles Volk*»
Rumänien	De teapt-te, române! «*Rumäne, erwache aus deinem Todesschlaf!*»
Russland	Hymne der russischen Föderation «*Russland, unsere heilige Macht*»
Schweden	Du gamla, du fria «*Du alter, du freier, du bergiger Norden*»
Schweiz	Schweizerpsalm «*Trittst im Morgenrot daher*»
Spanien	La Marcha Real
Tschechien	Kde domov m j «*Wo ist meine Heimat?*»
Türkei	Unabhängigkeitsmarsch «*Fürchte dich nicht, unauslöschbar ist die wehende rote Fahne*»

Seh' ich dich im Strahlenmeer

Sieben Fragen an Andy Egli, früherer Captain der Fussball-Nationalmannschaft (77 Einsätze als Spieler zwischen 1979 und 1994) und «Fussballer des Jahres» 1989/1990:

Singen Sie mit, wenn vor dem Match der Schweizerpsalm ertönt?
Andy Egli: «Heute nicht mehr, auch als Zuschauer im Stadion nicht, wenn rundherum alle singen. Ich fand die Hymne immer hässlich, verglichen mit der italienischen oder der französischen Hymne. Es fehlen ein überzeugender Text und eine ästhetische Melodie. Früher, als Nati-Captain habe ich aber immer mitgesungen vor dem Spiel. Das gehörte zu meiner Verpflichtung.»

Was sagt Ihnen die zweite Liedzeile «Seh' ich dich im Strahlenmeer»?
«Nicht viel, das muss etwas mit Erleuchtung zu tun haben, mit einem Lichtkegel.»

Könnte man die Nationalhymnen vor Länderspielen auch abschaffen?
«Nein. Bei einem Länderspiel soll die Identität eines Landes nicht nur durch das Team und die Landesfarben sichtbar werden, sondern auch durch ein Erkennungslied. Das sage ich, obwohl ich mich total globalisiert fühle.»

Was halten Sie von Nati-Spielern, die bei der Hymne nicht mitsingen?
«Das muss jeder für sich entscheiden. Als Captain habe ich von den Mitspielern nicht verlangt, dass sie unbedingt mitsingen müssen, aber ich wollte, dass sich jeder Gedanken zur Nationalhymne macht, sich damit auseinandersetzt. Das Nichtsingen ist jedenfalls nicht Ausdruck einer fehlenden Identifikation mit dem Team oder dem Land. Allenfalls zeigt es bei Secondos den inneren Konflikt zwischen der jetzigen und der ursprünglichen Heimat.»

Passt ein religiöses Lied als Nationalhymne?
«Das ist eine individuelle Angelegenheit. Ich persönlich halte gar nichts von öffentlichen religiösen Bekenntnissen. Je nach Herkunft ist das vielleicht anders. Aber es hat in einer Mannschaft ja meistens verschiedenartigste religiöse Ausprägungen. Jedenfalls finde ich es unnötig, wenn Spieler beim Torjubel ihr Shirt hochziehen und darunter eine religiöse Botschaft verkündet wird.»

Wer wird nach der Euro 08 neuer Schweizer Nati-Trainer?
«Hoffentlich ein Schweizer. Wir haben genügend ausgewiesene Kandidaten.»

Wer wird Fussball-Europameister 2008?
«Italien. Ganz klar.»

 Die sechs besten Spiele der Schweizer Nationalmannschaft aller Zeiten waren:

1. Der Achtelfinal an der Weltmeisterschaft 1938 gegen Grossdeutschland: Sieg mit 4:2 Toren.
Nach dem Anschluss Österreichs an Nazi-Deutschland trat an der WM 1938 erstmals eine grossdeutsche Mannschaft an. Das Kader bildeten 13 Deutsche und 9 Österreicher. Nach einem Unentschieden im ersten Match lag die Schweiz im Wiederholungsspiel nach 20 Minuten bereits mit 0:2 zurück. Der Genfer Genia (Eugène) Walaschek (damals noch ein Sans-Papier, Sohn eines Tschechen und einer Schweizerin, geboren in Russland) konnte vor der Pause auf 1:2 verkürzen. Nach der Pause steigerten sich die Eidgenossen unter Regisseur Fredy Bickel in einen wahren Spielrausch und erzielten weitere drei Treffer zum sensationellen Sieg über den haushohen Favoriten. «Unser schönster Sieg!», titelte danach der «Sport». Das gilt bis heute. Walaschek starb am 22. März 2007, 90-jährig.

2. Das Entscheidungsspiel 1961 um die WM-Qualifikation gegen Schweden in Berlin: Sieg mit 2:1 Toren.
«Der bewegendste Augenblick im Schweizer Fussball seit dem 9. Juni 1938!», jubelte die «Tribune de Lausanne» nach dem Sieg der Schweiz im Entscheidungsspiel um die Teilnahme an der WM-Endrunde in Chile. Gegen Vizeweltmeister Schweden lagen die Schweizer in Berlin zur Pause zwar 0:1 zurück, schafften aber dank zwei Toren von YB-Legende Heinz Schneiter und Kiki Antenen (La Chaux-de-Fonds) innert fünf Minuten die Wende – mit einer «geradezu besessenen Leistung», wie das «Sport-Magazin» treffend schrieb. Bei ihrer Rückkehr wurde das Team am Flughafen Kloten von 3000 begeisterten Fans empfangen, ein fast einmaliges Ereignis zu jener Zeit.

3. Das Spiel gegen Rumänien, das den Einzug in den Achtelfinal der WM-Endrunde in den USA 1994 sicherte: Sieg mit 4:1 Toren.
Mit «Zauberfussball» und Traumtoren von Alain Sutter, Stéphane Chapuisat sowie Adrian Knup (2) schlugen die Schweizer unter Trainer Roy Hodgson in der Vorrunde die Rumänen um Superstar Gheorghe Hagi glatt mit 4:1. Von «Fussball, dass einem der Atem stockte», schrieb die «Neue Zürcher Zeitung», völlig zu Recht. Tief in der Erinnerung festgesetzt haben sich: Alain Sutters Volleyschuss zum 1:0; Ciriaco Sforzas Rush, der zum 2:1 führte, und Georges Bregys Mittelfeldstrategie.

4. *WM-Barrage 2005 gegen die Türkei im Berner Stade de Suisse: Sieg mit 2:0 Toren.* Dieser wegweisende Sieg auf dem Weg in die WM-Endrunde 2006 in Deutschland war nicht dem kleinen Hymnenkrieg vor dem Spiel zu verdanken, sondern basierte auf einer ganz neuartigen Vorbereitung der Mannschaft. Coach Köbi Kuhn baute sein Konzept erstmals auf einer professionellen Stärken-Schwächen-Analyse des türkischen Teams auf, welche die deutsche Firma IMP AG (Innovative Medientechnik und Planung AG) angefertigt und – gratis – zur Verfügung gestellt hatte *(siehe Anhang)*.
Dass Kuhn und sein Stab diese Untersuchung überhaupt verwenden konnten, ist der Cleverness des damaligen SVP-Vizepräsidenten Toni Brunner (bekannt als Politstar in der Soap «Der Match» und eifriges Mitglied des FC Nationalrat) zu verdanken. Der St. Galler fand am 4. Oktober 2005 in der Münchner Allianz-Arena beim Spiel Bayern gegen Werder per Zufall und Beziehung Unterschlupf in der Lounge der Firma IMP AG. Diese hoffte damals noch, den von ihr entwickelten Ball mit integriertem Chip serienmässig produzieren und in alle Welt verkaufen zu können. (Mit dieser Erfindung hätten sich alle umstrittenen Fälle wie das Wembley-Goal zweifelsfrei klären lassen.) Erfolgreicher ist die IMP indes beim Verkauf eines anderen Produkts, das ebenfalls auf der Computertechnologie basiert: der Analyse von Mannschaften und einzelnen Spielern. Aus dieser IMP-Quelle schöpfen alle deutschen Kommentatoren, wenn sie den Zuschauern zum Beispiel erklären, dass eine Mannschaft bei Auswärtsspielen in den ersten fünf Minuten noch nie ein Kopftor nach einer Standardsituation erhalten habe.
Im Verlaufe des Talks auf der Tribüne merkte Toni Brunner an, dass die Schweiz vor einem kapitalen fussballerischen Problem stehe: dem Barrage-Spiel gegen die favorisierten Türken, das genau in einer Woche stattfinde. – Ob in dieser Not die Schweiz nicht an einer ihrer wissenschaftlichen Stärken-Schwächen-Analysen des Gegners interessiert sei, fragte ein Firmenvertreter. – Er habe weder Geld noch ein Mandat des Fussballverbandes, bedauerte Brunner, gratis nähme er ein solches Papier aber schon.
Am folgenden Montag tagte der IMP-Verwaltungsrat und beschloss, dem flotten Schweizer, ausnahmsweise, eine Abhandlung zur türkischen Mannschaft zu erstellen und zu liefern, und zwar unentgeltlich. Am Mittwoch trafen die Daten auf Brunners Hof im Toggenburg ein; gleichentags überreichte der Bauer, Politiker und Fussballfan Nationalcoach Köbi Kuhn das neuartige Analysedokument (neun Seiten) persönlich und hoch vertraulich im Nati-Trainingslager in Feusisberg/Freienbach.
Die Effekte sind teilweise bekannt: Die Schweiz gewann am Samstag, 11. November 2005, mit 2:0 Toren, exakt wie die deutschen Experten im Begleitschreiben an Brunner vorausberechnet hatten; die Mannschaft qualifizierte sich für die WM-Endrunde in Deutschland; Kuhn wurde daraufhin «Schweizer des Jahres». Und Toni Brunner fühlt sich noch heute

als stiller Sieger im Hintergrund. (Die historische Analyse des türkischen Teams ist im Anhang nachzulesen, erstmals und exklusiv.)

5. Das Europameisterschaft-Ausscheidungsspiel von 1976 gegen Rumänien: Sieg mit 7:1 Toren.
Noch bekannter als der Verlauf dieses Spiels und das genaue Resultat der Begegnung ist die Direktreportage von Godi Baumberger im Schweizer Radio: «Ich kann es nicht glauben, ich kann es einfach nicht glauben. Sechs zu null. Sechs zu null Tore. Es ist einfach unglaublich. Meine Mutter hat mir immer gesagt, wenn ich aufgeregt war: Godi, zähl bis zehn und bleib ruhig. Ich zähle jetzt bis zehn. Eins, zwei, drei, vier, fünf, sechs, sieben, acht, neun, zehn. – Aber es steht immer noch sechs zu null. Schon wieder Quentin! Das ist einfach nicht zu glauben!»
Ein Jahr später unterlag die Schweiz in Zypern mit 1:2 Toren und schied sang- und klanglos aus.

6. Halbfinale Olympische Spiele in Paris 1924 gegen Schweden: Sieg mit 2:1 Toren.
Der unerwartete Erfolg vom 5. Juni 1924 im Halbfinale des olympischen Fussballturniers von Paris gegen den haushohen Favoriten Schweden bedeutete auch den ersten und bis heute einzigen internationalen Titelgewinn einer Schweizer A-Auswahl. Denn da Uruguay der Finalgegner war (gegen den man ein paar Tage später diskussionslos 0:3 verlor), stand die Schweiz als beste europäische Mannschaft nach dem Sieg gegen Schweden als inoffizieller Europameister fest. «Die schweizerische Mannschaft hat heute ein unvergleichliches Spiel geboten», berichtete der Berner «Bund» begeistert und hob einen Spieler besonders hervor, den zweifachen Torschützen Max «Xam» Abegglen: «Seine Passes, seine Tricks, seine Dribblings und seine Vorlagen, die er den Flügeln und dem Mittelstürmer machte, waren für Kenner wahre Kabinettstückchen.» Der kleingewachsene Max alias Xam Abegglen, in den zwanziger Jahren ein absoluter europäischer Top-Spieler, war 1916 Mitbegründer des auch nach ihm benannten «Neuchâtel Xamax Football Club».

 Die fünf schlechtesten Spiele der Schweizer Nationalmannschaft aller Zeiten waren:

1. Das erste Heimspiel gegen den Fussball-Lehrmeister England am 20. Mai 1909 in Basel: Niederlage mit 0:9 Toren.
Gross war das Aufsehen, als auf dem Basler Landhof die Engländer mit ihrem damaligen Superstar Vivian Woodward (Tottenham Hotspurs) erstmals auf Schweizer Boden gegen die Nationalmannschaft spielten. Trotz horrender Eintrittspreise von bis zu fünf Franken erschienen 7000 Zuschauer. Bis zur 23. Minute stand es 0:0, was (noch) als grosser Schwei-

zer Erfolg gewertet wurde. Dann aber fielen die Gegentore in regelmässiger Folge: 0:4 stand es zur Pause; 0:9 am Schluss. Es blieb bis heute die höchste Niederlage in der Schweiz. Allerdings setzte es zwei Jahre später gegen Ungarn (aber auswärts in Budapest) ebenfalls ein 0:9 ab. Und andere Nationen wurden in diesen Jahren von den Engländern noch brutaler dominiert als die Eidgenossen. England gegen Frankreich endete 15:0; England gegen Deutschland 13:2 und 10:0.

2. Das WM-Ausscheidungsspiel vom 31. August 1996 gegen Aserbaidschan in Baku: Niederlage mit 0:1 Toren.
Im Luxusjet der PetrolAir, den der Schweizerische Fussballverband für 100 000 Franken gechartert hatte, um der Nationalmannschaft mit dem neuen Trainer Rolf Fringer einen wunderschönen Flug in die aserbaidschanische Hauptstadt Baku zu ermöglichen, räkelten sich die Schweizer Stars auf den drehbaren Polstersesseln und taten sich an Lachsbrötchen und anderen Köstlichkeiten gütlich. Umso trostloser war das WM-Ausscheidungsspiel im Tofik-Bachramov-Stadion, benannt nach dem sowjetischen Linienrichter, der 1966 beim WM-Final England gegen Deutschland im Einsatz war. (Bachramov hatte dem Schweizer Schiedsrichter Godi Dienst erklärt, der Ball zum 3:2 für die Engländer sei «sicher im Tor» gewesen, was bis heute strittig ist, aber den Engländern in der Verlängerung des umkämpften Endspiels letztlich den Sieg sicherte und als «Wembley-Goal» in die Geschichte einging.) In der ersten Halbzeit hatte Vidadi Rzajew den krassen Aussenseiter Aserbaidschan 1:0 in Führung gebracht. In der 57. Minute schoss Murat Yakin einen vom polnischen Schiedsrichter grosszügig gepfiffenen Elfmeter weit am Tor vorbei. Nach dem Spiel meinte Yakin: «Wir hätten wohl noch zwei Stunden weiterspielen können, ohne ein Tor zu erzielen.» Der «Sport» schrieb: «die grösste Blamage der 101-jährigen Verbandsgeschichte».

3. Das Freundschaftsspiel vom 5. Juni 1963 gegen England in Basel: Niederlage mit 1:8 Toren.
Ein Jahr nach der verpatzten Weltmeisterschafts-Endrunde in Chile (drei Niederlagen gegen Chile, Italien und Deutschland) blamierte sich das Schweizer Team vor 49 000 Zuschauern im Stadion St. Jakob bis auf die Knochen. Die ortsansässige «Nationalzeitung» schrieb am Tag danach: «Es war eine miserable Darbietung einer Elf, die sich nie und nimmer die Bezeichnung Nationalmannschaft verdiente.» Während auf englischer Seite insbesondere Bobby Charlton mit drei Treffen brillierte, enttäuschten die Schweizer durchwegs, wie die «Nationalzeitung» kommentierte: «Ein Köbi Kuhn beispielsweise – ein ausgesprochenes Talent also, das sich wiederholt bewährt hat – spielte wie ein durchschnittlicher Erstliga-Fussballer.» Eine besondere Erinnerung an dieses Spiel hat FC-Basel-Legende Karl Odermatt. Für den damals 20-Jährigen war es das erste Spiel in der Nati, was ihn zu hemmen schien. «Ein Odermatt, der offen-

sichtlich unter der psychischen Belastung seines erstmaligen Einsatzes litt», schrieb die «Nationalzeitung».

4. Das Spiel zum Auftakt der Euro-08-Kampagne am 11. Oktober 2006 in Innsbruck gegen Österreich: Niederlage mit 1:2 Toren.
In den goldenen Trikots, welche die Schweizer Nati nach ihrem relativ guten Abschneiden an der WM 2006 zum ersten und auch zum letzten Mal trug, zeigte die Auswahl eine überhebliche, lustlose und undiskutable Leistung. Die goldfarbenen Trikots, Symbole für Prahlerei und Selbstüberschätzung, lagern noch immer tonnenweise in den Fanshops, obwohl sie mittlerweile zu Billigstpreisen angeboten werden.
Als am 12. Oktober 2007 die neuen, roten Nati-Shirts präsentiert wurden, sagte Coach Köbi Kuhn: «Mir war nur wichtig, dass wir nie mehr in Gold spielen.» Zum Euro-08-Look meinte David Degen: «Für die EM hätten sie schon etwas Spezielleres machen können. Es ist ein normales Leibchen.» Die Stylistin Luisa Rossi verhöhnte das neue Dress ohne Schweizer Kreuz: «Es erinnert an ein Pyjama.»

5. Das erste Spiel der WM-Endrunde, am 12. Juli 1966 in Sheffield, England: Niederlage mit 0:5 Toren gegen Deutschland.
Eigentlich hätte Mittelfeldstratege Köbi Kuhn die gleiche Strafe verdient, mit der er später als Coach Spieler wie Ciriaco Sforza und Johann Vogel belegte: den Ausschluss aus der Nationalmannschaft. Bereits im Trainingslager vor der WM-Endrunde war es zu einem Zwischenfall gekommen, der nur halbwegs vertuscht werden konnte. Mittelfeldspieler Kuhn drosch dem Nationaltrainer, dem Italiener Dr. («Dottore») Alfredo Foni, den Ball mit voller Wucht an den Hinterkopf. Supertechniker Kuhn stahl sich mit der Ausrede aus der Verantwortung, der genaue Schuss auf den Coach, den er hasste, sei ohne Absicht erfolgt.
Dass Kuhn beim Startspiel gegen Deutschland dennoch nicht auflief, hatte seinen Grund in einer Eskapade, die als «Affäre von Sheffield» während Wochen die halbe Nation erzürnte. Spielmacher Kuhn, Abwehrchef Werner Leimgruber (FCZ) und Torhüter Leo Eichmann (La Chaux-de-Fonds) wurden am Abend vor dem Match von zwei jungen Engländerinnen angesprochen, stiegen in deren Auto und fuhren auf und davon. Erst Stunden nach der befohlenen Bettruhe kehrte das fröhliche Trio von seiner Spritztour zurück. In der Nacht entdeckten (und verfolgten) die Funktionäre im Hotel zwei jüngere Damen, die in einen direkten Zusammenhang mit dem Ausflug gebracht wurden. Die drei Sünder wurden für das erste Spiel gesperrt.
Der Schwiegervater Leimgrubers erlitt, als er von der Affäre erfuhr, einen Nervenzusammenbruch. Damit «insbesondere in der Familie Leimgruber Unfriede verhindert» werde, lud der Verband die beiden Spielerfrauen Alice Kuhn und Theres Leimgruber nach England ein. Als die anderen Spieler (und vor allem deren Frauen) gegen dieses Sonderrecht protes-

tierten, musste der SFV unter Führung des Baslers Ernst («Ätti») Thommen auch die andern Gemahlinnen einfliegen lassen.

Das neuformierte Schweizer Team hatte gegen die Deutschen, die bis ins Finale marschierten, keine Chance. In Erinnerung bleiben zwei Szenen: Jungstar Franz Beckenbauer spazierte durch die Schweizer Abwehr, die quasi Spalier stand, und schob den Ball wie im Training zum 4:0 ins Tor. Der Schweizer Torhüter Karl («Charly») Elsener spielte spontan den Samariter, als der deutsche Spieler Wolfgang Overath von Wadenkrämpfen geplagt wurde. Elsener, an der WM-Endrunde 1962 in Chile als bester Torhüter geehrt, erhielt für seine Erste Hilfe einen Pelzmantel, gestiftet vom deutschen Kürschnerverband und der «Bild»-Zeitung.

Die drei Teamstützen Kuhn, Leimgruber und Eichmann wurden in der Folge wegen ihres angeblich skandalösen Verhaltens für mehrere Monate gesperrt. Der Fall zog weitere, mediale und juristische, Kreise und gipfelte in einer Ehrverletzungsklage der betroffenen Spieler gegen die Verbandsspitze. Die Anzeige wurde schliesslich, über ein Jahr nach der Einreichung, zugunsten eines Vergleichs zurückgezogen.

Köbi Kuhn wurde zum Wiederholungstäter und sorgte nach der «Affäre von Sheffield» für die andere Skandalschlagzeile, die bis auf den heutigen Tag nachhallt: die «Nacht von Oslo». 1976 hatte Trainer René Hüssy («Chragebär») den Altmeister ins Team zurückgeholt, um die Qualifikation für die WM-Endrunde von 1978 in Argentinien zu schaffen. Trotz des klangvollen Ensembles (Barberis, Botteron, Künzli, Jeandupeux und Kudi Müller) verlor die Schweiz am 8. August 1976 in Oslo gleich das Auftaktspiel gegen das schwache Norwegen, das in den sieben vorangegangen Spielen kein einziges Tor zustande gebracht hatte, mit 0:1. Die Presse schrieb von einer «Schmach» und einem «absoluten Tiefpunkt», vor allem, was die Einstellung der Spieler betreffe. Die Kritik verwandelte sich in helle Empörung, als bekannt wurde, dass Rädelsführer Kuhn und einige andere Kicker einen schönen Teil der Nacht nicht im Bett, sondern Bier trinkend verbracht hatten. Eine Woche später war Hüssy entlassen. Auch der «ausgegrabene» Kuhn, der «kein Superspieler mehr sein kann», wie die Zeitung «Sport» nüchtern registrierte, hatte in Oslo sein letztes Spiel als Aktiver im roten Dress absolviert. Kuhn legt noch heute grossen Wert auf die Feststellung, dass er und seine Kollegen das Hotel nicht verlassen hätten.

Ihr erstes offizielles Länderspiel trug die Schweizer Fussball-Nationalmannschaft am 12. Februar 1905 im Parc des Princes in Paris vor 5000 Zuschauern aus. Die meisten Zuschauer waren allerdings wegen eines an gleicher Stelle ausgetragenen Rugbymatchs ins Stadion gekommen. Die Schweiz verlor nach gutem Spiel 0:1. Der Fussballverband vergütete den Schweizer Spielern die Bahnspesen sowie einen Beitrag von Fr. 12.60 an die übrigen Kosten, wie Christian Koller im Buch «Die Nati» von 2006 schildert. Einer der Spieler, GC-Captain Eduard Garrone, retournierte diesen Betrag kurz darauf: Es sei GC-Spielern nicht erlaubt, ausser den Reisespesen weitere Entschädigungen entgegenzunehmen. Für Garrone war es das erste und letzte Spiel im Nati-Dress. Das Rückspiel gegen Frankreich fand drei Jahre später in Genf statt. Die Schweiz verlor 1:2. Erster Schweizer Länderspiel-Torschütze war der Winterthurer A. Frenken.

Der erste Sieg in einem offiziellen Länderspiel gelang der Schweiz am 5. April 1908 vor 4000 Zuschauern in Basel gegen Deutschland, das sein erstes Länderspiel austrug. Das Spiel ging 5:3 für die Schweiz aus.

Schon vor der Jahrhundertwende hatte die Schweiz indes ihr erstes inoffizielles Länderspiel ausgetragen. Am 27. Juni 1897 beschloss die Delegiertenversammlung der Schweizerischen Football Association, in Basel ein internationales Spiel gegen Süddeutschland auszutragen. Es dauerte allerdings anderthalb Jahre, bis das Spiel tatsächlich stattfand. Am 4. Dezember 1898 gewann die Schweizer Auswahl auf dem Basler Landhof gegen Süddeutschland 3:1. Die Schweizer Mannschaft bestand zur Hälfte aus Engländern und Deutschen, die bei Schweizer Clubs spielten. Die Aufstellung: Hofer (Basel); Muschamp (Geneva United), Suter (Grasshoppers); Blijdenstein (Grasshoppers), Butler (Anglo-American-Club) Forgan (Anglo-American-Club); Landolt (Zürich), Ywens (Geneva United), Collison (Anglo-American-Club), Vogel (Grasshopper), Mädler (Zürich).

Die höchsten Siege der Nati sind:

9:0	Schweiz – Litauen	25.05.1924	Paris
7:0	Schweiz – San Marino	5.06.1991	St. Gallen
7:1	Schweiz – Rumänien	24.05.1967	Zürich
6:0	Schweiz – Färöer	4.09.2004	Basel
6:0	Schweiz – Estland	16.08.1992	Talinn
6:0	Schweiz – Liechtenstein	12.03.1991	Balzers
5:0	Schweiz – Luxemburg	28.03.2001	Zürich
5:0	Schweiz – Aserbaidschan	11.10.1997	Zürich
5:0	Schweiz – Malta	21.04.1971	Luzern
5:0	Schweiz – Zypern	8.11.1967	Lugano
5:0	Schweiz – Holland	19.11.1922	Bern

Die höchsten Niederlagen der Nati sind:

0:9	Schweiz – England	20.05.1909	Basel
0:9	Schweiz – Ungarn	29.10.1911	Budapest
0:8	Schweiz – Ungarn	25.10.1959	Budapest
1:8	Schweiz – England	5.06.1963	Basel
1:8	Schweiz – Österreich	29.11.1931	Basel
2:9	Schweiz – Belgien	20.02.1912	Antwerpen
1:7	Schweiz – Deutschland	10.02.1929	Mannheim
1:7	Schweiz – Österreich	10.10.1926	Wien
1:7	Schweiz – Österreich	11.06.1922	Wien
0:6	Schweiz – England	2.12.1948	London

Die Ursachen für Sieg und Niederlage sind in der Regel banal und liegen oft weit ausserhalb des Spielfeldes. Während die Deutschen das «Wunder von Bern» (Sieg im Weltmeisterschaftsfinale gegen Ungarn im Berner Wankdorf-Stadion) auch auf den schwer fassbaren «Geist von Spiez» zurückführten (die Mannschaft logierte im Spiezer Hotel Belvédère), machten die Ungarn den «Ungeist von Solothurn» für ihre unerwartete Niederlage verantwortlich.

Fünfzig Jahre nach dem Final schilderten die beiden ungarischen Nationalspieler von 1954, Jenö Buzansky und Gyula Grosics, in der «Süddeutschen Zeitung» (SZ) vom 3. Juli 2004 ihre Erinnerungen an den verlorenen WM-Final.

Buzansky: Weil das Halbfinale in Lausanne so lange gedauert hatte, haben wir den Zug nach Solothurn verpasst, wo unser Quartier war. Umständlich wurden erst private PKW organisiert, und schliesslich sind wir erst um vier, fünf Uhr todmüde ins Bett gesunken.

SZ: *Das war in der Nacht von Donnerstag auf Freitag, zwei Tage vor dem Finale.*

Buzansky: Das Finale war am Sonntag. In der Nacht davor passierte noch etwas. In Solothurn war Volksfest. Direkt vor unserem Hotel! Es haben Blaskapellen gespielt, Chöre sangen, und angeblich hat eine deutsche Brauerei Freibier spendiert. Unglücklicherweise war es noch sehr warm, so dass man die Fenster öffnen musste – bis in die Morgenstunden hinein haben wir kein Auge zugemacht.

Gyula Grosics: Und dann der letzte Höhepunkt: Am Sonntag war auch noch Fritz-Walter-Wetter – Regen, Regen, Regen.

SZ: *Wussten Sie, dass die Deutschen einen weiteren gravierenden Vorteil hatten? Der für die Ausrüstung zuständige Adi Dassler hatte Schraubstollen entwickelt, die man je nach Wetter und Tiefe des Bodens auswechseln konnte.*

Buzansky: Nein. Die wurden bei der WM ja erstmals verwendet.

Am meisten Spiele für die Schweizer Nationalmannschaft absolvierten:

1.	Heinz Hermann	117	(1978–1991)
2.	Alain Geiger	112	(1980–1996)
3.	Stéphane Chapuisat	103	(1989–2004)
4.	Johann Vogel	94	(1995–2007)
5.	Severino Minelli	80	(1930–1943)
6.	Ciriaco Sforza	79	(1991–2001)
7.	André (Andy) Egli	77	(1979–1994)
8.	Patrick Müller	76	(seit 1998)
9.	Raphaël Wicky	75	(seit 1996)
10.	Alfred Bickel	71	(1936–1954)
	Stéphane Henchoz	71	(1993–2005)

Zum Vergleich: Jakob («Köbi») Kuhn kam auf 63 Einsätze, Alain Sutter auf 62, Marcel Koller auf 55, Georges Bregy auf 54 und Karl («Karli») Odermatt auf 50.

 Die kürzesten Einsätze im Nationaldress absolvierten:

1. Joël Magnin: 5 Minuten.
Der damalige Stürmer des FC Lugano, der später zu den Berner Young Boys wechselte, wurde am 2. Juni 2001 beim WM-Ausscheidungsspiel gegen die Färöer in der 87. Minute für Alex Frei eingewechselt, der kurz zuvor das einzige Schweizer Tor zum 1:0-Auswärtssieg geschossen hatte. Magnin schaffte in den knapp fünf Minuten Spielzeit (inklusive zweier Nachspielminuten) immerhin «drei bis vier Ballberührungen», wie er sich stolz erinnert. Auch touristisch sei das Aufgebot ein Gewinn gewesen: «Ich wäre sonst wohl nie auf die Färöer gekommen. Das war sehr speziell, es hat dort mehr Schafe als Menschen.» Für das nächste Spiel gegen Slowenien bot Coach Enzo Trossero Magnin zwar nochmals auf; er wurde auf dem Feld jedoch nicht mehr eingesetzt.

2. Hanspeter Burri: 9 Minuten.
Der Mittelfeldspieler des FC Luzern wurde am 21. Juni 1989 in Basel gegen Brasilien in der 83. Minute für Beat Sutter (FC Basel) eingesetzt. Burri war damit an einem historischen Match beteiligt. Die Schweiz gewann 1:0. Torschütze war Kubilay Türkyilmaz.

3. Thomas Häberli: 16 Minuten.
Der Stürmer vom BSC Young Boys wurde am 4. September 2004 in Basel gegen die Färöer in der 75. Minute für den dreifachen Torschützen Alexan-

dre Rey (Xamax) eingewechselt. Häberli vergab kurz vor Schluss eine gute Möglichkeit, mit einem Kopfball ein Tor zu erzielen. Der Ball flog knapp über die Latte. Die Schweiz gewann 6:0.

Insgesamt wurden 169 Spieler nur in einem einzigen Spiel der Nationalmannschaft eingesetzt. Einer von ihnen ist FCB-Erfolgstrainer Christian Gross. Der damalige Mittelfeldspieler des FC Lausanne-Sports bestritt 1978 in Karl-Marx-Stadt den Match gegen die DDR. Die Schweiz verlor 1:3.

 Die Rekordtorschützen im Nati-Dress sind:

	Treffer	Zeitraum	Ø pro Spiel
Kubilay Türkyilmaz	34	1988–2001	0,57
Xam Abegglen	32	1922–1937	0,47
Alex Freitag	32	seit 2001	0,57
Trello Abegglen	30	1927–1943	0,58
Jacques Fatton	29	1947–1955	0,55
Adrian Knup	26	1989–1996	0,54
Seppe Hügi	23	1951–1961	0,68
Kiki Antenen	22	1948–1962	0,39
Lajo Amadò	21	1935–1948	0,39
Stéphane Chapuisat	21	1989–2004	0,20

(Stand Januar 2008)

Der jüngste Torschütze an einer EM-Endrunde aller Zeiten ist Johan Vonlanthen. Als er am 21. Juni 2004 nach einem Zuckerpass von Ricardo Cabanas den französischen Torhüter Fabien Barthez zum vorübergehenden 1:1-Ausgleich bezwang, war Vonlanthen 18 Jahre, 4 Monate und 20 Tage alt. Sein Vorgänger als jüngster EM-Torschütze war der Engländer Wayne Rooney. Frankreich gewann das Spiel mit 3:1.

Die österreichische Firma FAS.research, ein auf Netzwerkanalysen spezialisiertes Unternehmen, hat für die «Basler Zeitung» das Passspiel der Schweizer Mannschaft gegen Österreich vom 13. Oktober 2007 (3:1) ausgewertet und «eine auffällig hohe innere Kohärenz der Beziehungen» zwischen den Spielern festgestellt. Das in Bezug auf Ballbesitz und Teilnahme an den Ballketten relativ ausgeglichene Schweizer Netzwerk lasse sich als «hochdynamisches Gleichgewicht bezeichnen».

Am häufigsten angespielt wurden:
Tranquillo Barnetta (59-mal), Gökhan Inler (57-mal) und Stephan Lichtsteiner (52-mal).

Am meisten Pässe spielten:
Gökhan Inler (61), Ludovic Magnin (57) und Tranquillo Barnetta (54).

Schlüsselspieler mit den meisten Ballberührungen waren:
Gökhan Inler (118), Tranquillo Barnetta (113), Stephan Lichtsteiner (104), Ludovic Magnin (102) und Gelson Fernandes (93).

In der Gesamtanalyse schnitt Barnetta, «der Netzwerker schlechthin», am besten ab. (Vier Tage später, im Spiel gegen die USA wurde Barnetta nach einer katastrophalen Leistung in der Halbzeit ausgewechselt. Das Spiel endete 0:1 für die USA. Auch beim 0:1 gegen Nigeria wurde der nicht genügende Barnetta in der Pause aus dem Team genommen.)

Den besten Wert, hochgerechnet auf die gesamte Spieldauer, erreichte im Spiel gegen die Österreicher allerdings Philippe Senderos, der in der Pause wegen einer Verletzung das Spielfeld verlassen musste. Er wurde in den ersten 45 Minuten 33-mal angespielt und spielte 35 Pässe. Das ergäbe über 90 Minuten die eindrückliche Zahl von 136 erhaltenen und gespielten Pässen. Über die Qualität der Ballverschiebungen ist damit jedoch nichts gesagt; auch Fehlpässe fanden als gut gemeinte Aktionen in die Statistik Eingang. Trainer Köbi Kuhn nach dem Spiel über Abwehrchef Senderos: «Er kam nicht annähernd an seine Leistung.»

Insgesamt gaben alle Schweizer Spieler während des Spiels gegen Österreich 505 Pässe ab. Davon waren 83 Fehlpässe – dies entspricht einer Fehlerquote von 16 Prozent. Von den Spielern, die mindestens eine Halbzeit lang im Einsatz standen, spielte Gelson Fernandes mit Abstand am wenigsten Fehlpässe (4 Prozent oder zwei von 51 Zuspielen). Gut waren auch Johan Djourou (12 Prozent), Philippe Senderos und Xavier Margairaz (je 14 Prozent). Die meisten geglückten Pässe schlug Gökhan Inler (51, allerdings auch 10 Fehlpässe). Schlecht schnitten in dieser Statistik Stephan Lichtsteiner (29 Prozent Fehlpässe), Marco Streller (23 Prozent) und Goalie Fabio Coltorti (22 Prozent) ab.

 Zum Vergleich die Zahl der Ballberührungen während des WM-Finals Frankreich – Italien vom 4. Juli 2006 (alle Werte hochgerechnet auf 90 Minuten):

Zidane (F)   126
Pirlo (I)   111
Ribéry (F)   104
Malouda (F)   100
Makelele (F)   87
Gattuso (I)   84

Insgesamt produzierte Frankreich deutlich mehr Ballwege als Italien (total 560 gegen 490). Italien wurde nach einem 1:1 in der normalen Spielzeit und nach der Verlängerung Weltmeister. Das Elfmeterschiessen endete 5:3. (David Trézéguet schoss den Ball an die Latte. Zidanes Kopfstoss gegen Marco Materazzi und dieser Fehlschuss sind der Stoff für den französischen Hit «Et Trézéguet!».)

Interessant ist, wie ballverliebt die einzelnen Schweizer Nationalspieler sind. Gemäss FAS.research-Analyse dribbeln Blaise NKufo (2,67 Berührungen pro Ballbesitz), Johan Vonlanthen (2,5 Berührungen) und Christoph Spycher (2,33 Berührungen) am längsten.
Dagegen leiten Marco Streller (1,37 Berührungen), Stéphane Grichting (1,42 Berührungen), Hakan Yakin (1,56 Berührungen) sowie Gökhan Inler (1,7 Berührungen) den Ball jeweils relativ direkt weiter.

Die am meisten und am heftigsten erörterte Aktion des Fussballs ist ohne Zweifel der Elfmeter. Bei Diskussionen ist immer ein Teil der Meinung, das Schiessen eines Penaltys sei eine heikle Sache und darum seien Fehlschüsse zu entschuldigen. Die Gegenseite indes hält jeden Spieler, der, unbedrängt und ohne Zeitdruck, aus elf Metern den Ball nicht im Tor unterbringt, für einen Versager. Zu Recht. Denn aus physikalischer und geometrischer Sicht ist es nahezu unerklärlich, warum Elfmeter überhaupt verschossen werden können.

Das korrekt errichtete Fussballtor besteht aus einem Rechteck mit den Ausmassen 7,32 auf 2,44 Meter. Ein gut gebauter Torwart bringt seine Hände rasch auf die Höhe der Lattenkante, also auf 2,4 bis 2,5 Meter. Kippt und hechtet er auf die Seite, kann er, grob gerechnet, einen Halbkreis mit einem Radius von eben dieser Länge beschreiben. Viel mehr als diese Fläche, die weniger als der Hälfte der Ausdehnung des Tores entspricht, kann er gar nicht abdecken, denn ein einigermassen zügig geschossener Ball (rund 75 km/h) braucht weniger als ein halbe Sekunde, um die Strecke von elf Metern zurückzulegen. Zum Vergleich: David Beckham beschleunigt das Leder auf über 150 km/h. Für den Penaltyschützen stellt sich also die einfache Aufgabe, den Ball in die seitlich und in der Höhe vom Torwart nicht abschirmbare Fläche – am besten einen halben Meter neben dem Posten etwas oberhalb der Mitte zu schiessen und anschliessend zu jubeln.

Der Penalty wurde im Fussball 1881 eingeführt. Allerdings durfte der Schütze den Ball irgendwo in der Distanz von elf Metern zum Tor setzen. Erst 1902 wurde der Penaltypunkt auf dem Spielfeld markiert, ebenso die Strafraumgrenze 16,5 Meter vor der Torlinie.

Das Penaltyschiessen als Entscheidung bei unentschiedenen Spielen im Cupsystem wurde vom deutschen Schiedsrichter Karl Wald erfunden. Er hielt die Methode, Pokalspiele nach unentschiedener Verlängerung mit einem Münzenwurf entscheiden zu müssen, für «absolut unsportlich» und testete in den sechziger Jahren bei kleineren Turnieren verbotenerweise das Penaltyschiessen. Das Echo bei Spielern und Zuschauern sei gewaltig gewesen, schreibt Wald auf seiner Homepage; alles habe sich jeweils dicht um den 16-Meter-Raum und das Tor gedrängt, den Ort der ultimativen Entscheidung. 1970 setzte Wald an einem dramatischen Verbandstag der deutschen Schiedsrichter seine Lösung durch.

Die Idee des Penaltyschiessens wurde rasch als spektakuläre und relativ faire Lösung akzeptiert. International wurde es am 27. Juni 1970 an einem Kongress im schottischen Inverness eingeführt. Den Antrag hatte Tunesien eingereicht. Der Grund dafür war, dass die Tunesier bei den Qualifikationen für die WM 1962, für die Olympischen Spiele 1968 und die WM 1970 dreimal per Losentscheid ausgeschieden waren.

Elfmal wurde bisher an Europameisterschaften ein Endrundenspiel im Penaltyschiessen entschieden. Die Tschechoslowakei (später Tschechien) siegte dreimal, Spanien, Dänemark, England, Frankreich, Deutschland, Italien, Portugal und die Niederlande je einmal. Die Niederlande verloren dreimal, die Engländer zweimal. Je einmal scheiterten Deutschland, Italien, Dänemark, Spanien, Frankreich und Schweden.

 Bei allen Penaltyschiessen an Weltmeisterschaften, Europameisterschaften und an der Copa America wurden insgesamt 456 Penaltys getreten; 353 der Schüsse wurden verwandelt (Trefferquote 77 Prozent). Nur sechs Nationen können eine makellose Bilanz vorweisen:

Tschechoslowakei	14 Penaltys	14 Tore
Tschechien	6 Penaltys	6 Tore
Honduras	5 Penaltys	5 Tore
Belgien	5 Penaltys	5 Tore
Südkorea	5 Penaltys	5 Tore
USA	4 Penaltys	4 Tore

Mit einer Trefferquote von 0 Prozent oder einer Versagerquote von 100 Prozent (drei Elfmeter und kein Tor im Achtelfinal der WM-Endrunde in Deutschland gegen die Ukraine) liegt die Schweiz abgeschlagen am Ende dieser Tabelle. «Am Morgen im Training haben noch alle getroffen», schüttelte Coach Köbi Kuhn am Abend des denkwürdigen 26. Juni 2006 in Köln den Kopf. Im Wettkampf versagten der Reihe nach Marco Streller, Tranquillo Barnetta und Ricardo Cabanas. Seither muss bei den Trainingsspielchen der Nati jedes erzielte Tor mit einem Penaltytor bestätigt werden, sonst zählt es nicht.

 Die Spieler der Nationalmannschaft nach Körpergrösse:

Pascal Zuberbühler	1,97 Meter
Fabio Coltorti	1,97 Meter
Marco Streller	1,95 Meter
Johan Djourou	1,92 Meter
Mario Eggimann	1,90 Meter
Blaise NKufo	1,88 Meter
Philipp Degen	1,85 Meter
Ludovic Magnin	1,85 Meter
Xavier Margairaz	1,85 Meter
Philippe Senderos	1,85 Meter
Valon Behrami	1,84 Meter
Gelson Fernandes	1,83 Meter
Gökhan Inler	1,83 Meter
Patrick Müller	1,82 Meter
Hakan Yakin	1,80 Meter
Alex Frei	1,79 Meter
Daniel Gygax	1,79 Meter
Raphaël Wicky	1,78 Meter
Tranquillo Barnetta	1,76 Meter
Christoph Spycher	1,75 Meter
Johan Vonlanthen	1,75 Meter
Ricardo Cabanas	1,72 Meter

Die Spieler der Nationalmannschaft nach ihrem Wert auf dem Markt, Stand 6. Januar 2008:

Alex Frei	11,0 Mio. Euro
Philippe Senderos	9,5 Mio. Euro
Tranquillo Barnetta	7,5 Mio. Euro
Gelson Fernandes	6,5 Mio. Euro
Valon Behrami	6,0 Mio. Euro
Stephan Lichtsteiner	4,0 Mio. Euro
Ludovic Magnin	3,5 Mio. Euro
Johan Djourou	3,5 Mio. Euro
Blaise NKufo	3,0 Mio. Euro
Mario Eggimann	3,0 Mio. Euro

Philipp Degen	2,5 Mio. Euro
Christoph Spycher	2,5 Mio. Euro
Marco Streller	2,5 Mio. Euro
Blerim Dzemaili	2,5 Mio. Euro
Johan Vonlanthen	2,3 Mio. Euro
Hakan Yakin	2,2 Mio. Euro
Diego Benaglio	2,0 Mio. Euro
Fabio Celestini	2,0 Mio. Euro
Xavier Margairaz	2,0 Mio. Euro
Gökhan Inler	1,5 Mio. Euro
Steve von Bergen	1,5 Mio. Euro
Benjamin Huggel	1,3 Mio. Euro
Daniel Gygax	1,25 Mio. Euro
Ricardo Cabanas	1,05 Mio. Euro
Fabio Coltorti	0,90 Mio. Euro
Pascal Zuberbühler	0,75 Mio. Euro

Der durchschnittliche Marktwert der Spieler der europäischen Nationalteams, Stand 6. Januar 2008:

Spanien	16,4 Mio. Euro
Italien	13,6 Mio. Euro
England*	12,8 Mio. Euro
Portugal	11,2 Mio. Euro
Frankreich	10,8 Mio. Euro
Niederlande	10,7 Mio. Euro
Deutschland	8,5 Mio. Euro
Tschechien	5,3 Mio. Euro
Serbien*	5,2 Mio. Euro
Russland	5,1 Mio. Euro
Ukraine*	5,1 Mio. Euro
Türkei	4,9 Mio. Euro
Schweden	4,7 Mio. Euro
Kroatien	4,1 Mio. Euro
Griechenland	3,8 Mio. Euro
Schottland*	3,5 Mio. Euro
Schweiz	3,4 Mio. Euro
Rumänien	3,3 Mio. Euro
Polen	2,9 Mio. Euro
Österreich	1,5 Mio. Euro

*nicht für die Euro 08 qualifiziert

Diese Angaben stammen von der Website www.transfermarkt.de.

Raphaël Wicky: «Mit sechs brachten mich meine Eltern zum Training beim FC Steg. Die vielen Kinder haben mich so erschreckt, dass ich in Tränen ausbrach und wir wieder heimgingen.»

 Roots oder wo die Spieler der Nationalmannschaft mit dem Fussballspielen begonnen haben:

Tranquillo Barnetta	FC Rotmonten
Diego Benaglio	FC Spreitenbach
Ricardo Cabanas	YF Juventus
Fabio Coltorti	SC Kriens
David Degen	FC Oberdorf
Philipp Degen	FC Oberdorf
Johan Djourou	Etoile Carouge FC
Blerim Dzemaili	FC Oerlikon
Mario Eggimann	FC Küttigen
Gelson Fernandes	FC Sion
Alex Frei	FC Begnins
Daniel Gygax	FC Baden
Gökhan Inler	FC Olten
Jakob «Köbi» Kuhn	FC Wiedikon
Ludovic Magnin	FC Echallens
Patrick Müller	FC Meyrin
Philippe Senderos	Servette FC
Christoph Spycher	FC Sternenberg (BE)
Marco Streller	FC Aesch
Johan Vonlanthen	FC Flamatt
Raphaël Wicky	FC Steg
Hakan Yakin	FC Concordia Basel
Pascal Zuberbühler	FC Frauenfeld

Am meisten Menschen sahen am 10. März 1957 in Madrid ein Spiel der Schweizer Fussball-Nati. Vor 120 000 Zuschauern spielte die Schweiz gegen Spanien in der Qualifikation für die WM 1958: Der Match endete 2:2. Die grösste Kulisse an einem Heimspiel gab's am 29. Oktober 1961 im Berner Wankdorf-Stadion; 59 000 beklatschten den 3:2-Sieg der Schweiz gegen Schweden bei der Ausscheidung für die WM in Chile.

Meistbesuchte Auswärtsspiele:

120 000 Zuschauer	10. 3. 1957 Madrid Spanien – Schweiz 2:2, WM-Ausscheidung
100 000 Zuschauer	22. 11. 1950 Stuttgart Deutschland – Schweiz 1:0, Freundschaftsspiel
100 000 Zuschauer	10. 11. 1971 London (Wembley) England – Schweiz 1:2, EM-Ausscheidung
90 000 Zuschauer	20. 10. 1973 Rom (Olimpico) Italien – Schweiz 2:0, WM-Qualifikatio
83 769 Zuschauer	26. 6. 1994 Palo Alto (Stanford) Schweiz – Kolumbien 0:2, WM-Endrunde
80 000 Zuschauer	18. 2. 1951 Madrid Spanien – Schweiz 6:3, Freundschaftsspiel
80 000 Zuschauer	18. 11. 1973 Izmir Türkei – Schweiz 2:0, WM-Qualifikation
79 373 Zuschauer	26. 3. 2005 Paris (Stade de France) Frankreich – Schweiz 0:0, WM-Ausscheidung
77 557 Zuschauer	18. 6. 1994 Detroit (Silverdome) USA – Schweiz 1:1, WM-Endrunde

 Meistbesuchte Heimspiele:

59 000 Zuschauer	29. 10. 1961, Bern Wankdorf Schweiz – Schweden 3:2, WM-Ausscheidung
57 500 Zuschauer	11. 11. 1956, Bern Wankdorf Schweiz – Italien 1:1, Freundschaftsspiel
57 000 Zuschauer	21. 10. 1972, Bern Wankdorf Schweiz – Italien 0:0, WM-Qualifikation
56 000 Zuschauer	13. 10. 1971, Basel St. Jakob Schweiz – England 2:3, EM-Ausscheidung

Die Trainer der Schweizer Fussball-Nationalmannschaft (Stand Januar 2008):

Die zehn Nati-Trainer mit der längsten Amtsdauer:

	Sp	S	U	N
Karl Rappan (1937–63) (mit Unterbrüchen)	83	30	12	41
Jakob «Köbi» Kuhn (seit 2001)	66	29	18	19
Paul Wolfisberg(1981–85/89)	51	16	20	15
Roy Hodgson (1992–95)	41	21	10	10
Daniel Jeandupeux (1986–89)	28	8	8	12
René Hüssy (1970/73–76)	26	6	3	17
Uli Stielike (1989–91)	25	13	5	7
Alfredo Foni (1964–67)	22	5	5	12
Jacques Spagnoli (1955–58)	21	2	6	13
Gilbert Gress (1998–99)	18	6	6	6

Alle weiteren Nati-Trainer (chronologisch):

Enzo Trossero (2000–01)	11	3	4	4
Hans-Peter Zaugg (2000)	4	1	2	1
Rolf Fringer (1996–97)	11	4	1	6
Artur Jorge (1996)	7	1	2	4
Léon Walker (1979–80)	16	4	1	11
Roger Vonlanthen (1977–79)	15	4	1	10
Miroslav Blazevic (1976)	2	0	0	2
Bruno Michaud (1972–73)	7	1	5	1
Louis Maurer (1970–71)	10	5	2	3
Erwin Ballabio (1967–68)	14	4	2	8
Georges Sobotka (1964)	3	1	0	2
Willibald Hahn (1958–59)	6	1	0	5
Hans Rüegsegger (1954/60)	3	0	0	3
Franco Andreoli (1950)	3	1	1	1
Heinrich Müller (1934)	2	1	0	1
Teddy Duckworth, Izidor Kürschner, James Hogan (1924)	9	7	1	1
Verbandskommission (mit Unterbrüchen 1905–52)	172	40	29	103

An den U-17-Europameisterschaften 2002 in Dänemark gewann die Schweiz – abgesehen vom inoffiziellen Europameistertitel 1924 – den einzigen internationalen Titel im Fussball. Die Schweiz siegte im Final gegen Frankreich 4:2 nach Penaltyschiessen. Nur 3 der 18 Akteure (Senderos, Barnetta, Ziegler) haben den Durchbruch geschafft und spielen heute in der A-Nationalmannschaft. Die meisten sind in der Anonymität der zweitklassigen Challenge League gelandet.

Swen König, Torhüter (geboren 3. 9. 1985):
Seit Juli 2007 Ersatzgoalie beim FC Luzern, spielte bis Juni 2007 beim FC Wohlen. 2005 beim FC Aarau, 2005 beim FC Vaduz. Hatte Verletzungspech (Kreuzbandriss 2004 und Schienbeinbruch 2006).
Diego Würmli, Torhüter (13. 9. 1985):
Wechselte 2003 von den GC-Junioren zum FCZ (U 21, wurde 2005 vom FC Basel übernommen und an den FC Wil (Challenge League) ausgeliehen. Zurzeit im zweiten Team des FC Basels.
Philippe Senderos, Innenverteidiger (14. 2. 1985):
Debütierte als 16-Jähriger bei Servette-Genf in der Super League. Wechselte danach zum FC Arsenal in die englische Premier League, wo er sich 2005 durchsetzte. Wurde zum Schlüsselspieler in der Nationalmannschaft. Schweizer Fussballer des Jahres 2006. Von ihm sagte schon 2002 der damalige Trainer der U-17-Europameister, der Frauenfelder Markus Frei: «Ein solcher Captain wäre der A-Nationalmannschaft zu wünschen.»
Henri Siqueira-Barras, Innenverteidiger (15. 1. 1985):
Rekordverdächtige Klubwechsel, ohne irgendwo Tritt zu fassen: Lugano, Grasshoppers, Winterthur, Xamax, Thun, Locarno. Seit 2006 in der rumänischen A-Liga, auch dort mit wechselnden Clubs (2006 bei FC Arges Pitesti, 2007 bei Gloria Bistrita), Ende 2007 vereinslos.
Tranquillo Barnetta, Aussenverteidiger (22. 5. 1985):
Schon früh Stammspieler beim FC St. Gallen in der Super League und schaffte schon 2004 Sprung in die A-Nationalmannschaft (meist im Mittelfeld). Wechselte 2004 nach der EM zu Bayer 04 Leverkusen, wo er für eine Saison an Hannover 96 ausgeliehen wurde. Seit 2005 Leistungsträger bei Leverkusen.
Arnaud Bühler, Aussenverteidiger (17. 1. 1985):
Sein Abstecher zum Nachwuchs des FC Liverpool nach dem Gewinn der EM dauerte ein Jahr. Kehrte 2003 zu Lausanne-Sports zurück. 2004 wechselte er zum FC Aarau in die Super League, wo er Stammspieler war. 2005 Wechsel in die französische Ligue 1 zum FC Sochaux, wo er sich nicht durchsetzen konnte. Seit 2006 beim FC Sion in der Super League.
Michael Diethelm, Aussenverteidiger (24. 1. 1985):
Spielt seit 2003 in der 1. Mannschaft des FC Luzern. Ist beim FCL, seit er 6-jährig war.

Sandro Burki, Mittelfeld (16. 9. 1985):
Wechselte nach dem Gewinn des Europameistertitels als 17-Jähriger zu Bayern München, von wo er bald zurückkehrte. Wechselte jedes Jahr den Club: 2003 zu BSC Young Boys, 2004 FC Wil, 2005 FC Vaduz, 2006 FC Aarau (Super League).
Stefan Iten, Mittelfeld (5. 2. 1985):
Konnte sich bei GC nicht in die erste Mannschaft spielen. Wechselte 2005 zum FC Wohlen (Challenge League).
Marko Milosavac, Mittelfeld (19. 10. 1985):
Konnte sich beim FC Zürich nicht in die erste Mannschaft spielen. Wechselte 2006 zum FC Baden (1. Liga).
Giona Preisig, Mittelfeld (9. 3. 1985):
Spielt bei ES Malley in der 1. Liga. Nach einem Abstecher ins Tessin (Chiasso) war er zwischenzeitlich zu Lausanne-Sport in die Challenge League zurückgekehrt.
Boban Maksimovic, Mittelfeld (10. 10. 1985):
Schaffte bei den Berner Young Boys den Sprung in die erste Mannschaft nicht wirklich. Wechselte 2005 zum FC Baden (1. Liga), seit 2006 beim FC Winterthur (Challenge League).
Reto Ziegler, Mittelfeld (16. 1. 1986):
Schaffte rasch den Sprung von den Grasshoppers-Junioren in die 1. Mannschaft. 2005 Wechsel zu Tottenham Hotspur in die englische Premier League. Wurde an den Hamburger SV (2005) und an Wigan Athletic (2006) ausgeliehen. Seit Sommer 2006 an Sampdoria Genua ausgeliehen. 2005 Début in der A-Nationalmannschaft, seither im erweiterten Kader (4 Länderspiele).
Christian Schlauri, Mittelfeld (30. 3. 1985):
Wechselte 2004 vom FC Winterthur zum FC Basel, schaffte aber den Sprung in die 1. Mannschaft nicht. Ab 2005 bei Concordia Basel in der Challenge League. Seit Juli 2007 beim FC Schaffhausen in der Challenge League.
Yann Verdon, Mittelfeld (11. 2. 1985):
Wechselte von Sion zu Lausanne, dann zum FC Bulle (2003). Spielt seit 2006 bei Baulmes in der Challenge League.
Marco Schneuwly, Stürmer (27. 3. 1985):
Ging 2004 vom FC Fribourg zu den Berner Young Boys. Schaffte den Sprung in die 1. Mannschaft nicht ganz. Wurde an den FC Sion (2005) und dann an den FC Kriens (2006) in die Challenge League ausgeliehen. Zurzeit Ergänzungsspieler bei den Berner Young Boys.
Goran Antic, Stürmer (4. 7. 1985):
Wechselte nach dem Gewinn der EM vom FC Basel zu den Grasshoppers, ein Jahr später zum FC Winterthur in die Challenge League, 2004 zu Neuchâtel Xamax, im selben Jahr weiter zum FC Wil (Challenge League), 2005 zum FC Vaduz (Challenge League). Seit Saison 2006/07 Stammspieler beim FC Aarau.

Dich, du Hocherhabener, Herrlicher!

Sieben Fragen an Helmut Hubacher (81), Präsident der Sozialdemokratischen Partei der Schweiz (SP) von 1975 bis 1990 und Mitbegründer des FC Nationalrat:

Singen Sie mit, wenn vor dem Match der Schweizerpsalm ertönt?
Helmut Hubacher: Nein.

Was bedeutet Ihnen die dritte Zeile «Dich, du Hocherhabener, Herrlicher!»?
Das tönt mir zu hochgestochen. Und zum Fussball finde ich mit dieser Zeile sowieso keinen Zugang.

Ist der Schweizerpsalm eine passende Hymne für unser Land?
Die Melodie gefällt mir sehr gut, ich finde, sie passt. Mit dem Text kann ich allerdings gar nichts anfangen. Aber diese Worte sind ja schon lange umstritten und werden trotzdem immer noch gesungen.

Wer hat Sie beim FC Nationalrat sportlich am meisten beeindruckt?
Das war der deutsche Bundestagsabgeordnete Arthur Killat. Wir spielten – wieder einmal – gegen den FC Bundestag in Bonn. Wir erreichten in einer Affenhitze ein 1:1, was die Deutschen gewaltig ärgerte. Als wir uns dann nudelfertig und nahe dem Hitzschlag in Richtung Dusche schleppten, wollte uns Killat zeigen, was deutsche Fitness sei, und rannte doch tatsächlich noch zwei Runden in vollem Tempo über die Aschenbahn. Danach nahm er noch ein Spanngerät hervor und machte ein paar Kraftübungen. Dieses Unentschieden muss ihn wirklich mächtig geärgert haben. Immer wieder war ich auch beeindruckt, wie gut der spätere Bundesrat Kurt Furgler (CVP) Fussball spielen konnte, dabei war er ja eigentlich Handballer. Er war in jenem Spiel Schütze des 1:1 für uns.

Was haben Politiker an einem Fussballmatch zu suchen?
Eigentlich nichts. Ich selber war, seit ich in Basel wohnte, immer ein treuer Fan des FC Basel und bin immer ins Joggeli an die FCB-Matchs gegangen. Allerdings nicht als Politiker auf die Ehrentribüne, sondern unerkannt als Fan. Am grössten war meine Begeisterung zu Zeiten der grossen FCB-Erfolge mit Trainer Helmut Benthaus. Von Politikern, die aus Imagegründen ein Fussballspiel besuchen, halte ich gar nichts.

Wer soll für die Schweizer Nati an der Euro 08 die Penaltys schiessen?
Köbi Kuhn wird das vorher ausgiebig trainieren, und die fünf besten Schützen werden dann schiessen. Alex Frei soll beginnen.

Wer wird Fussball-Europameister 2008? Ich tippe auf Deutschland.

«Die Tore schiesst der Departementschef», erklärte Neo-Bundesrat Adolf Ogi (SVP) am 18. Januar 1988 den verdatterten Chefbeamten sein neues politisches Spiel: «Ich sage es Ihnen ganz klar und offen in der Sprache des Sportlers: Wir spielen im Team. Sie buchen die Assists.»
Der Kandersteger Skilehrer Ogi kann nicht wirklich Fussball spielen. In den Monaten vor seiner Wahl in den Bundesrat tauchte er als Direktor der Sportartikelfirma Intersport regelmässig vor den Spielen des FC Nationalrat in der Kabine auf und verteilte tolle Trainingsanzüge und andere teure Utensilien aus dem Fundus der Firma. «Im Ausland wäre dies nichts anderes als glatte Korruption», ärgerte sich der vielfach «beschenkte» Aargauer SP-Nationalrat und spätere Regierungsrat Silvio Bircher.

Am 6. September 1995 erregte der bekennende Vegetariar und Weltverbesserer Alain Sutter mit einer Aktion gegen die französischen Atomtests internationales Aufsehen. Er brachte seine Mitspieler dazu, während der Hymne vor dem Match ein Leintuch mit der Aufschrift «Stop it, Chirac» zu präsentieren. Ciriaco Sforza und Adrian Knup distanzierten sich allerdings vom Protest, indem sie Arme und Hände demonstrativ weit hinter dem Körper verschränkten. Andy Egli hatte die Schweden, die Gegner in dieser Begegnung, vergeblich zum Mitmachen zu überreden versucht: «Die Schweden fragten sofort ihre Verbandsspitze um Erlaubnis, womit die Aktion für sie natürlich gestorben war.» Der Schweizer Verbandspräsident Marcel Mathier entschuldigte sich unmittelbar nach der Aktion seiner Spieler vorsorglich überall. Die UEFA erteilte dem Verband einen offiziellen Verweis, sah aber von Bussen oder gar Sperren ab. Das Spiel gegen die Schweden endete 0:0.

Beim gleichen Spiel versuchte die Freisinnig-Demokratische Partei (FDP) der Schweiz, mit Bandenwerbung auf sich aufmerksam zu machen. Diese Art der Reklame verstiess sowohl gegen die UEFA-Statuten als auch gegen die Werbebestimmungen im Radio- und Fernsehgesetz (RTVG). Die FDP unter dem Präsidium von Franz Steinegger (UR), früher Verteidiger beim FC Nationalrat, verlor einen Monat später die eidgenössischen Wahlen gleichwohl.

Die Kandidatin Doris Leuthard (CVP) sagte im Sommer 2006 auf die Frage, ob sie nach einer allfälligen Wahl in den Bundesrat auch bereit sei, das Verteidigungsdepartement (VBS) und die Verantwortung für die Schweizer Armee zu übernehmen: «Ganz klar. Die Euro 08 ist doch eine sehr reizvolle Aufgabe.»

Bundesrätin Doris Leuthard in der «Schweizer Familie» (Nr. 23, 2007) über ihre Fussballkompetenz:
Wie oft haben Sie selbst schon Bälle getreten?
Doris Leuthard: Unzählige Male. Ich habe früher an Grümpelturnieren mitgemacht und in einer Frauengruppe Fussball gespielt.

Auf welcher Position?
Ich war am Flügel.
Links oder rechts?
Ich spielte im Mittelfeld. Später ging ich gerne als Zuschauerin in die Stadien, und ich habe als Donatorin den FC Wohlen unterstützt.

Kein Politiker kann es sich leisten, dem Sport nicht positiv gegenüberzustehen, nicht nett zu sein mit den Sportlern im allgemeinen und mit (erfolgreichen) Fussballern im besonderen. Gleichgültigkeit oder gar Missbilligung dieser Berufsgruppe und deren Anhänger können das Ende der Politkarriere bedeuten. Gefilmte Anwesenheit auf der Tribüne ist der halbe Wahlerfolg. Am 13. Juni 2006, am Vorabend ihrer Wahl in die Landesregierung, fuhr Kandidatin Doris Leuthard (CVP) mit medialem Begleittross und aufreizendem Schweizer Leibchen nach Stuttgart zum Match Schweiz – Frankreich. Was in jedem andern Fall als mangelnder Respekt vor der künftigen Aufgabe kritisiert worden wäre, war für den «Blick» das pikante «Vorspiel» einer politisch sicheren Wahl im Bundeshaus.

Selbst der bekennende Fussballlaie und alt SVP-Bundesrat Christoph Blocher, «Ich verstehe erwiesenermassen nichts von Fussball und stehe im Gegensatz zu vielen anderen dazu», stellte eine Verbindung her zur Nationalmannschaft, als er am 16. Juni 2007 auf der Obwaldner «Älggialp» den Trainer Köbi Kuhn als «Schweizer des Jahres» ehrte: «Als Köbi Kuhn die Schweizer Nationalmannschaft an der WM 2006 unter die besten sechzehn Teams der Welt führte, sass ich beim entscheidenden Spiel in meiner Berner Altstadtwohnung bei offenem Fenster am Schreibtisch. Es war ein warmer Sommerabend, und ich musste arbeiten. Die Stadt war still. Die meisten Menschen sassen wohl gespannt vor dem Fernseher. Dann – das Spiel war zu Ende – hörte ich auf der Gasse ein Mädchen mit weinerlicher Stimme sagen: «Weisch, Grossätti, d Schwiizer hei nid gwunne.» Der Grossvater tröstete: «Weisch, das ghört derzue und freu di, dass si e so wiit si cho.» Darauf das Mädchen: «Weisch, Grossätti, es isch mer mee wäg em Köbi Kuhn!»

In der «SonntagsZeitung» vom 15. Juli 2001 resümierten Köbi Kuhn und Karl Odermatt ihre politischen Karrieren:
Köbi Kuhn, Sie kandidierten 1982 auf der Liste der SVP für den Zürcher Gemeinderat und 1984 für den Kantonsrat...
Kuhn: Ein Freund, den ich vom Fussball her kannte, überredete mich – so, wie man mich damals für vieles überreden konnte. Ich sagte: «Ja, gut, wenn ich dir helfen kann, dann setz mich eben auf die Gemeinderatsliste.» Es war ein Freundschaftsdienst. Mehr nicht.
Sind Sie Mitglied der SVP?
Kuhn: Nein. Eine Zeitlang wurde mir noch die alte BGB-Zeitung zugestellt, aber das war's.

Odermatt: Bei mir ist es umgekehrt. Nur hat noch nie jemand darüber geschrieben. Ich bin seit vielen Jahren Mitglied der FDP.
Wie kommt das?
Odermatt: Ich war Kunde der SKA-Filiale am Spalenberg. Dort lernte ich Robert A. Jeker kennen, damals ein gewöhnlicher Angestellter. Später wurde er Direktor, dann Generaldirektor. Er war es, der mich in die FDP holte. Wenn in Basel Regierungsratswahlen waren, habe ich mich noch immer für die FDP-Kandidaten eingesetzt.

Frage der «Schweizer Illustrierten» an Tranquillo Barnetta (17. September 2007):
Wenn Sie wählen: links oder rechts?
Barnetta: Beide Seiten haben gute Ansätze und Ideen.

1969 gründeten der langjährige Basler SP-Nationalrat Helmut Hubacher und der CVP-Nationalrat Albin Breitenmoser den FC Nationalrat. Die beiden waren es leid, an den sitzungsfreien Nachmittagen der Parlamentssessionen immer nur zu jassen. Hubacher erinnert sich noch gut an den allerersten Match im Stadion «End der Welt» in Magglingen, oberhalb von Biel, gegen die Mannschaft des deutschen Bundestages. «Wir verloren zweistellig, aber die Deutschen hatten einen fussballerprobten Nichtparlamentarier eingesetzt», erzählt Hubacher. Für das Rückspiel in Bonn bot Captain Hubacher ebenfalls einen Nichtparlamentarier auf, den ehemaligen Torhüter der Berner Young Boys, Walter Eich (fünf Länderspiele zwischen 1951 und 1954). Den Deutschen gelang trotz drückender Überlegenheit kein Tor. Aus Ärger über das 0:0 verweigerte der deutsche FC Bundestag darauf eine Einladung der Schweizer Botschaft für eine Schifffahrt auf dem Rhein. Hubacher: «Damals nahmen die deutschen Politiker diese Fussballspiele im Gegensatz zu uns verbissen ernst.»

Als Bundesrat und Sportminister Samuel Schmid (SVP) im Jahre 2005 das neue Berner Wankdorf-Stadion – unverständlicherweise Stade de Suisse genannt – einweihte, rief er: «Ich bin ein YB-Fan!» Als einige Monate später der FC Thun sich in die Champions League spielte, marschierte Schmid mit einem Thun-Schal durchs Stadion und erklärte sich öffentlich als «Thun-Fan». Dasselbe Prozedere pflegt Schmid auch im Eishockey; je nach Stadion wickelt er sich einen SC-Bern- oder einen HC-Davos-Schal um.

Der «Berner Zeitung» beantwortete Sportminister Samuel Schmid (12. Juni 2004) einige Fussballfragen:
Welche Rolle spielt der Fussball in Ihrem Leben?
Bundesrat Schmid: Ich habe im jungen Alter gelegentlich Fussball gespielt, war aber nie in einem Club. Trotzdem ist und war Fussball in meinem Leben sehr präsent. Die legendäre Europacup-Partie YB – Reims im Jahre 1959 etwa ist für mich eine lebendige Kindheitserinnerung. (...)

Heute komme ich natürlich an offiziellen Anlässen dazu, grosse Spiele live zu sehen. Ich schaue auch regelmässig beim FC Rüti vorbei, der 200 Meter von unserem Haus entfernt spielt. Das Lokalderby zwischen Rüti und Büren ist immer eine Mordssache.
Was verbindet Sie mit Nationaltrainer Köbi Kuhn?
Ich verstehe mich glänzend mit ihm – und wir beide freuen uns jedesmal, wenn wir uns sehen. Ich habe ihn ja noch als Spieler erlebt. Charakterlich sind wir, glaube ich, gar nicht unähnlich.

Dass sich Bundesräte im Glanz der Siege der Fussball-Nationalmannschaft sonnen, ist nicht neu. Schon 1924 hatte sich der freisinnige Bundespräsident Ernest Chuard per Telegramm an die beim Pariser Olympiaturnier überraschend erfolgreiche Schweizer Nati gewandt: «Als Dolmetscher der Gefühle des ganzen Schweizer Volkes freut sich der Bundesrat, Ihnen seine wärmsten Glückwünsche zu entbieten zu den glänzenden Siegen, die Sie bis zu diesem Tage davongetragen haben, und er gibt dem Wunsche Ausdruck, dass Ihre Tapferkeit und Ihre Ausdauer sich weiterhin so glänzend kundgeben mögen.» Es blieb beim Wunsch. Die Schweiz bezog nach dem Polittelegramm im Final ihre erste Niederlage an diesem Turnier: 0:3 gegen Uruguay.

Vor der WM-Endrunde 2006 schickte der damalige Bundespräsident Moritz Leuenberger (SP) Köbi Kuhn einen Brief, den er selbst publik machte. Schöngeist Leuenberger outete sich damit indirekt als Fussballlaie; ein Fachmann hätte sich an den Captain gewandt. In Kurzsätzen, als formuliere er fürs erste Lesealter, schrieb der Bundespräsident: «Ihr könnt alle das Beste geben. Wir wissen es. Vielleicht braucht Ihr auch ein wenig Glück. Deswegen hoffen wir, bangen wir und freuen uns mit Euch. Denn dann findet Euch das Glück.»

Per SMS-Nachricht, die ebenfalls amtlich per Communiqué verbreitet wurde, sprach Moritz Leuenberger Köbi Kuhn und der Mannschaft nach dem Ausscheiden gegen die Ukraine Trost zu: «Im Namen aller Schweizerinnen und Schweizer: Willkommen zu Hause. Wir haben uns mit euch gefreut, mit euch gebangt und auch gelitten. Vieles ist gelungen, aber nicht alles. Gestern verliess euch das Glück für einen Moment. Aber wir bleiben euch treu, so wie ihr uns treu geblieben seid. Das Glück wird zurückkehren.»

Dem alkoholfeindlichen und christlichen Aargauer Politiker Heiner Studer (Blaues Kreuz und EVP) nützte auch das Engagement für den Fussball nicht viel. Er liess sich im Wahljahr 2007 zum Beirat der freikirchlichen Fussballaktion zur Euro 08, «Kickoff2008», ernennen und wurde am 21. Oktober aus dem Nationalrat abgewählt.

In seinem Blog versuchte Umweltminister Moritz Leuenberger die Euro-08-Aktivitäten im globalen Zusammenhang mit dem Klimawandel zu reflektieren. Am 11. Juni 2007, beim Euro-08-Kickoff auf dem Jungfraujoch, sinnierte er: «Na, ja! Solange das erste Formel-1-Rennen nicht auch auf einem Gletscher eröffnet wird, kann man den Rasen auf dem Jungfraujoch gerade noch akzeptieren. Hoffentlich ist der Rasen auf dem Gletscher nicht einfach den Folgen der Klimaveränderung ein paar Jahre voraus...»

Bei der WM-Endrunde 1954 in der Schweiz glänzte die internationale Politik durch Abwesenheit. Zum Endspiel im Berner Wankdorf-Stadion erschien kein einziger Bundesminister. Der deutsche Bundeskanzler Konrad Adenauer (CDU) spielte lieber Boccia.

Finanzminister Hans-Rudolf Merz (FDP) am 15. Januar 2005 in Basel: «Übrigens können wir es uns schon aus Imagegründen nicht leisten, auf Basel zu verzichten. Was wäre, wenn der Kanton 1501 nicht der Eidgenossenschaft beigetreten wäre? Dann wäre Thun im Fussball Wintermeister. Stellen Sie sich das vor!»
Thun qualifizierte sich im Sommer 2005 für die Champions League, spielte gegen Arsenal, Ajax Amsterdam und Sparta Prag und wurde in der hochkarätigen Gruppe Dritter. Der FC Basel war längst ausgeschieden.

Während der Fussball-Weltmeisterschaft im Juni 2006 hing an der eingerüsteten Fassade des Bundeshauses in Bern ein riesiges Transparent mit der Aufschrift «Fussball regiert». Aufgehängt hatten es nicht irgendwelche Unerschrockene wie die Umweltaktivisten, die eine Woche zuvor an gleicher Stelle von der Polizei vom Gerüst geholt worden waren, als sie ein Ökotransparent aufhängen wollten. Bundesbeamte selber hatten die Fussballbotschaft plaziert. Die Nationalräte reagierten, von links und rechts, beunruhigt. Die Waadtländer Kommunistin Marianne Huguenin sorgte sich in der parlamentarischen Fragestunde um die am 14. Juni 2006 stattfindende Bundesratswahl: «Sollte auf diese Weise verdeutlicht werden, wie unbedeutend in Wirklichkeit die Geschehnisse unter der Bundeshauskuppel an diesem Tag waren?» Der Thurgauer SVP-Abgeordnete Alexander J. Baumann fragte bekümmert: «Lässt sich dies mit der Würde des Parlaments vereinbaren?» Es liess sich. Ein Reisecar voller National- und Ständeräte samt Bundesrätin Doris Leuthard fuhr nach Stuttgart. Dort zeigten sich die Politiker beim WM-Spiel gegen Frankreich. Der politisch-mediale Effekt war grösser als der sportliche. Das Spiel endete 0:0.

Nicht nur für die neue Bundesrätin bot Fussball eine willkommene Profilierungsmöglichkeit. Am 5. Oktober 2005 fragten gleich vier Nationalräte aus vier Parteien den Bundesrat mit praktisch identischen Vorstössen, wie die Regierung gedenke, die Euro 08 für die Standortförderung der Schweiz zu nutzen: Peter Vollmer (SP, Dauerläufer und Hobbyfussballer),

Duri Bezzola (FDP, Skiverbandspräsident), Hansruedi Wandfluh (SVP, Hobbylangläufer) und Arthur Loepfe (CVP, Appenzeller). Bundesrat Joseph Deiss (CVP, früher Hobby-Fussballgoalie in einer Freiburger Lehrermannschaft) konnte im Parlament beruhigen. Der Bundesrat werde etwas tun. Aber es werde etwas kosten.

 Zwischen 2002 und Winter 2007 gingen im eidgenössischen Parlament 63 Fussballvorstösse ein. Die Behandlung eines einzigen Vorstosses kostet den Steuerzahler rund 4100 Franken, wie der Bundesrat – ebenfalls in Beantwortung eines Vorstosses – festhielt:

Motion Fetz (SP): Fussballfans. Projekte für Jugendintegration und Gewaltprävention
Frage Zäch (CVP): Zugang Behinderter zur Euro 08
Einfache Anfrage Rennwald (SP): Englische Begriffe im Schweizer Fussball
Interpellation Bezzola (FDP): Organisation von internationalen Sportgrossanlässen in der Schweiz. Bessere Koordination
Postulat Hess (SD): Nationalstadion soll Wankdorf heissen
Interpellation Vollmer (SP): Euro 08 in der Schweiz. Geld für Stadien
Anfrage Cina (CVP): Expo.02. Gelder für die Euro 2008
Anfrage Leutenegger (SP): Datenbank für Gewalttäter bei Sportveranstaltungen
Interpellation FDP: Auswüchse des Verbandsbeschwerderechts
Interpellation SVP: Euro 2008. Folgen von Rekursen für das Stadion Hardturm
Interpellation Rennwald (SP): Swiss Football League. Fragiler Sprachfrieden
Interpellation Kohler (CVP): Euro 2004. Bundesamt für Flüchtlinge im Wettfieber
Motion Schenk (SVP): Sportpolitisches Führungsteam
Interpellation Studer (EVP): Fussball-EM 2008. Vorwürfe zu Sicherheit
Interpellation Kohler (CVP): Fussball-EM 2008. Einsatz des Bundesrates
Interpellation Stahl (SVP): Fussball-EM 2008. Hooliganismus
Interpellation Hochreutener (CVP): Fussball-EM 2008. Stand der Vorbereitungen
Interpellation Gysin (SP): Gewaltvermeidung bei Sportanlässen
Motion Teuscher (Grüne): Fussball-Euro 2008. Mehr Sicherheit durch professionelle Fanarbeit
Frage Roth-Bernasconi (SP): Wollen Mädchen Fussball spielen?
Frage Bruderer (SP): Euro 2008 ohne Zürich?
Frage Fehr (SP): Stadion für die Fussball-EM in Zürich
Frage Günter (SP): Bierproduzent als Fussballsponsor
Frage Bruderer (SP): Grossereignis Fussball-Europameisterschaft. Stand der Vorbereitungen

Frage Cina (CVP): Euro 2008. Sicherheitsmassnahmen
Frage Bruderer (SP): Stadtpolizei Zürich. FC-Basel-Fans
Parlamentarische Initiative Bruderer (SP): Auftrieb für den Schweizer Sport
Anfrage Bruderer (SP): Wettskandal im Fussball. Regelung im Lotteriegesetz?
Motion Vollmer (SP): Sportanlässe und Sportverbände als Alkoholpromotoren
Interpellation Randegger (FDP): Euro 2008. Vorbereitung auf epidemiologische Ausnahmesituationen
Interpellation Baumann (SVP): Expo.02/Euro 2008
Interpellation Amherd (CVP): Euro 2008. Beiträge des Bundes
Motion Huguenin (PdA): Fussball-EM 2008. Fanprojekte zur Gewaltprävention
Interpellation Teuscher (Grüne): Euro 2008. Ein Fass ohne Boden?
Motion Recordon (Grüne): Internationale Sportveranstaltungen. Verursacherprinzip für Sicherheitskosten
Frage Riklin (CVP): UEFA Euro 2008. Sicherheitskosten
Frage Vollmer (SP): Euro 2008. Standortpromotion
Frage Bezzola (FDP): Euro 2008. Standortpromotion
Frage Loepfe (CVP): Euro 2008. Standortpromotion
Frage Wandfluh (SVP): Euro 2008. Standortpromotion
Frage Recordon (Grüne): Äusserungen von zwei Bundesratsmitgliedern nach dem Fussballspiel Schweiz – Türkei
Parlamentarische Initiative Berset (SP): Gesetz zur Gewaltprävention bei Sportveranstaltungen
Anfrage Noser (FDP): Koordination der Prävention im Hinblick auf die Euro 08
Anfrage Haering (SP): Massnahmen gegen den internationalen Frauenhandel im Zusammenhang mit der Euro 08
Anfrage Lang (Grüne): Euro 08. Europa zu Gast beim Schweizer Militär?
Motion Joder (SVP): Verfassungsgrundlage für Massnahmen gegen Gewalt anlässlich von Sportveranstaltungen
Postulat Hochreutener (CVP): Stürmen des Spielfeldes als Straftatbestand
Motion Hess (SD): Euro 08. Klare Richtlinien für Drohneneinsätze
Frage Teuscher (Grüne): Quellensteuer bei der Euro 2008
Frage John-Calame (Grüne): Zweifelhafte Behandlung junger Fussballtalente
Frage Huguenin (PdA): Fussball regiert?
Frage Baumann (SVP): Fussballtransparent. Sicherheit und Würde des Parlaments
Frage Teuscher (Grüne): Kostentransparenz für den militärischen Grosseinsatz an der Euro 2008
Frage Schelbert (Grüne): Euro 2008 und Steuern
Frage Kiener Nellen (SP): Euro 2008 und unzulässige Steuerabkommen

Frage Leutenegger Oberholzer (SP): Tausend Zellen für Hooligans an der Euro 2008
Frage Vischer (Grüne): Gefängnisse für Hooligans
Frage Hess (SD): Aufstockung der Fanzonen in Kleinstädten
Frage Hess (SD): Mehr Euro-Tickets für die Bevölkerung
Frage Teuscher (Grüne): Euro 2008. Nichts für Familien?
Motion Geissbühler (SVP): Verbesserung der Sicherheit in Zügen und Bahnhöfen
Interpellation Büttiker (FDP): Biologisch abbaubare Wertstoffe an der Euro 08
Frage Fässler (SP): Umwelt am Ball

 Der Grosse Rat das Kantons Bern behandelte sieben parlamentarische Vorstösse:

SP-Juso: Euro 08: Facts jetzt auf den Tisch!
Löffel (EVP): Euro 2008 ohne Alkoholexzesse
Balli (SP): Euro 2008 ohne Zwangsprostitution
Brand (SVP): Ist Kanton Bern für die Euro 2008 gerüstet?
Loosli (Grüne): Massnahmenkatalog für nachhaltige Euro 08
Hess (SD): Euro 08 Bern – Bestimmungen für private Sicherheitsdienste
Interpellation von Allmen (SP): Sicherheitskosten bei Fussballspielen

 Im rot-grünen Stadtrat Bern meldeten sich 22 besorgte Abgeordnete. Herausragendes Thema der Vorstösse war die von Anna Linder (Grüne) eingebrachte Forderung, für den Transport der Euro-08-Touristen Velokutschen (Rikschas) einzusetzen. Sogar die örtliche Fachstelle Fuss- und Veloverkehr blieb skeptisch: «Bern ist nicht gerade die ebenste Stadt.» Weiter beantragten:

Vollmer (SP): Euro 08. Sicherheit vor Belästigungen und Ausschreitungen im öffentlichen Raum
Elsener (Grüne): Evaluationsbericht bezüglich Nachhaltigkeit der Euro 08
Aebersold (SP): Stadtverträgliche und CO_2-neutrale Euro 08
Jordi (SP): Zu Fuss und mit dem Velo an die Euro 08!
Zbinden (PDA): Keine NATO-Tornados für Euro-08-Luftraumüberwachung
Jenni (Grüne): Euro-08-Uhr: Countdown-Panzersperre auf dem Kornhausplatz
Frieden, Weber (Grüne): Kostenverteiler Euro 08
Frieden, Weber (Grüne): Verursacherprinzip und Eurolabel für Euro-08-Zusatzkosten
Nause (CVP): Euro 08. Gewährleistung der Sicherheitsinfrastruktur
Schwarz (SP): Euro 08. Prävention für Freier

Mordini (SP): Euro 08. Umgang mit Prostitution
Wegmüller (Grüne): Zugang zur Aare für Berner Bevölkerung auch während Euro 08
Schori (SVP): Euro 08. Visitenkarte Bahnhof
Aragon (PdA): Kein Lohndumping an der Euro 08
Streit (EVP): Euro 08 ohne Alkoholexzesse
Friedli (SVP): Euro 08 und öffentlicher Verkehr
Zbinden (PdA): Käfighaltung an der Euro 08
Stauffer (Rentnerpartei): Unschönes Baugerüst am Münster während Euro 08
Jenni (Grüne): Abmachungen zwischen Bern und UEFA
Elsener (Grüne): Europa zu Gast bei Freunden – auch in Bern?
Frieden (Grüne): Fussballfest statt Militärfestspiele: Keine bewaffneten Armeeangehörigen an der Euro 08 in Bern

 Der Grosse Rat Basel-Stadt diskutierte acht Vorstösse:

Howald (SP): Stadionabfälle an der Euro 08
Burckhardt (LDP): Sicherstellung von Hygiene und Sauberkeit in der Innenstadt während Euro 08
Von Falkenstein (LDP): Umgang mit dem nicht von der Euro 08 begeisterten Teil der Bevölkerung
Beranek (LDP): Sauberkeit während der Euro 08
Paneth (SP): Zugang für handicapierte Menschen an der Euro 08
Howald (SP): Stadtverträgliche und CO_2-freie Euro 08
Hollinger (SP): Euro 08 ohne Zwangsprostitution
Müller-Walz (Grüne): Euro 08. Welche Verpflichtungen ist der Kanton Basel-Stadt eingegangen?

 Der Kantonsrat Zürich generierte immerhin vier Anfragen:

Siegenthaler (SVP): Public Viewing und Verkehrssperrung
Zanetti (SVP): Interessenkonflikte bei Euro 2008
Vieli (Grüne): Fanbetreuung an der Euro 08
Cavegn (FDP): Aufgabenteilung Bund–Kanton betreffend Fanbetreuung an der Euro 08

 Den Gemeinderat Zürich beschäftigten zwölf Vorstösse mit den Hauptthemen Sex, Bier und Gewalt:

Bartholdi (SVP): Euro 2008. Kosten für die Stadt Zürich
Filli (Alternative): Euro 2008. Respektierung der lokalen Biervielfalt

Recher (Alternative): Euro 08. Projekt für Erwerbslose
Leiser (FDP): Euro 08 und motorisierter Individualverkehr
Danner (EVP): Verzicht auf Alkoholausschank an der Euro 08
Bachmann (FDP): Euro 08. Ersatzparkplätze für die betroffene Anwohnerschaft
Weibel Waser (SP): Euro 08. Förderung der Teilnahme von Mädchen an Schulprojekten
Min Li Marti (SP): Euro 08. Öffentliche Direktübertragungen in bevölkerungsarme Gebiete
Knauss (Grüne): Euro 08. Verzicht auf besondere Parkplätze für ausgewählte Personengruppen
Marthaler (SP): Euro 08. Erlass einer Verordnung gegen Gewalteskalationen
Sarbach (SP): Evaluation verkehrsrelevanter Auswirkungen von öffentlichen Direktübertragungen der Euro 08
Ackermann (CVP): Euro 08. Verhinderung der Ausbreitung des Sexgewerbes

General Henri Guisan war früher aktiver Fussballer und amtete, als er 1939 von den eidgenössischen Räten zum Befehlshaber über die Schweizer Armee ernannt wurde, als Präsident des Lausanner Fussball-Clubs Stade Lausanne. Die Präsidentschaft des Generals stand sportlich ganz im Zeichen einer Serie von Niederlagen. Guisan übernahm den Club 1929 in der 1. Liga, 1932 folgte der Abstieg in die 2. Liga, 1938 gar in die 3. Liga. Am 20. Juli 1945, beim 50-Jahr-Jubiläum des Schweizerischen Fussball- und Athletikverbands, wurde Henri Guisan zum Ehrenmitglied ernannt.

Giuliano Bignasca, Präsident der Tessiner Lega, schrieb im «Mattino della domenica»: «Einen schokoladenfarbigen Fussballer kann man akzeptieren. Drei scheinen jedoch entschieden zu viel.» Der Titel des Artikels lautete: «Zu viele Schwarze in der Nationalelf». Bignasca begründete seine Meinung damit, dass die Schweiz nie eine imperialistische Nation mit Kolonien gewesen sei. Zudem gehöre das Land bis zum Beweis des Gegenteils nicht zu Afrika. Vertreter der afrikanischen Gemeinde im Tessin sprachen von einem Skandal. Sie forderten die Tessiner Stimmbürger auf, bei den Wahlen vom Oktober die Lega zu boykottieren. Die Lega war am Abend des 21. Oktober 2007 die grosse Wahlsiegerin.
Die Tessiner Generalstaatsanwaltschaft hat ein Verfahren gegen Bignasca wegen Rassendiskriminierung (Art. 261bis StGB) eingestellt.
Das französische und linke Vorbild Bignascas war Georges Frêche, sozialistischer Präsident der Region Languedoc-Roussillon: «Normal wären drei bis vier schwarze Spieler, das würde die Gesellschaft widerspiegeln. Dass es so viele sind, liegt daran, dass die Weissen Nullen sind. Ich

schäme mich für dieses Land. Bald wird Frankreichs Nationalteam aus elf Schwarzen bestehen.» Sportminister Jean-François Lamour konterte: «Die Selektionsregeln für das Nationalteam sind einfach: Nur die Besten vertreten Frankreich. Frêche würde gut daran tun, diese Regeln an sich selbst anzuwenden.»

Eines der bemerkenswertesten Spiele im Schweizer Fussball war das Spiel gegen Deutschland, an einem bedeutsamen Datum mitten im Zweiten Weltkrieg im alten Berner Wankdorf-Stadion vor 38 000 Zuschauern. Es war der 20. April 1941, der Geburtstag von Reichsführer Adolf Hitler. Alle Schweizer Spieler waren in ihrer Militäruniform in Bern eingetroffen. Die Schweiz gewann sensationell mit 2:1 Toren. General Guisan erteilte allen Spielern einen Tag Urlaub vom Aktivdienst.
Torhüter Erwin Ballabio («Der schwarze Panther»): Das war mehr als ein Fussballspiel. Für uns, die wir fast alle unter der Fahne standen, galt es Ehre einzulegen für das Vaterland.» Der deutsche Stürmer Helmut Schön (der später als deutscher Bundestrainer 1972 Europa- und 1974 Weltmeister wurde) meinte: «Es grenzte an Hochverrat und Majestätsbeleidigung, an diesem Tag zu verlieren.»
Der deutsche Propagandaminister Joseph Goebbels schrieb nach dieser Niederlage erbost an den Reichssportführer Hans von Tschammer und Osten: «Es darf kein Sportaustausch mehr gemacht werden, wenn das Ergebnis im Geringsten zweifelhaft ist.»

Wenn der Alpenfirn sich rötet

Sieben Fragen an Benedikt Weibel, Euro-08-Delegierter des Bundesrates und vormals Chef der Schweizerischen Bundesbahnen (SBB):

Herr Weibel, singen Sie mit, wenn vor dem Match der Schweizerpsalm ertönt?
Benedikt Weibel: Ja, aber etwas zaghaft.

Was bedeutet für Sie die vierte Liedzeile «Wenn der Alpenfirn sich rötet»?
Das geht an mein Bergführerherz.

Verstehen Sie Fussball?
Ja, aber nicht so viel, dass ich konkrete Fragen dazu beantworten möchte.

Wie sind Sie gerüstet gegen einen grösseren Stromausfall an der Euro 08?
Ich habe die Gewissheit, dass bei der Bahn kein Stromausfall mehr passiert. Und in den Stadien gibt es Notstromaggregate.

Was hat die Politik im Fussball zu suchen?
Ohne Politik geht weder eine WM noch eine EM ab. Man muss einen solchen Anlass mit all seinen Konsequenzen wollen und die dadurch ausgelösten Investitionen tragen. Das ist ein politischer Entscheid. Entgegen anderen Interpretationen: Die UEFA hat uns nicht gezwungen, die Euro 08 durchzuführen.

Wer soll nach der Euro 08 Schweizer Nati-Coach werden?
Diese Frage kann ich nicht beantworten.

Wer wird Fussball-Europameister 2008?
Spanien, die haben eine starke Mannschaft.

FIFIA-Präsident Sepp Blatter: «Eine Meisterschaft in zwei Ländern zu organisieren ist von der Ambiance her viel schwieriger. Das merkten wir 2002 bei der WM in Südkorea und Japan. Es waren im Grunde genommen zwei Wettbewerbe. Man muss sich bewusst sein, dass das jetzt in der Schweiz und in Österreich nicht anders ist. Solange ich Präsident der FIFA bin, gibt es keine WM mehr, die in zwei Ländern durchgeführt wird.»

«Erlebe Emotionen», der offizielle Slogan des Europäischen Fussballverbandes UEFA, ist, grammatikalisch gesehen, ein Befehl. Allerdings kein richtiger, denn dafür fehlt das Ausrufezeichen am Schluss. Im Französischen wurde auf das Verb gänzlich verzichtet: «L'émotion au rendezvous». Auf Englisch wird vor allem die Vorfreude angesprochen: «Expect Emotions», während der italienische Slogan nah am deutschen bleibt, jedoch ohne jede Befehlsform: «Emozioni da vivere». Auf ein Motto in der vierten Landessprache hat die UEFA wohl aus subventionstechnischen Gründen verzichtet. «Viver las emoziuns» hätte es in der rätoromanischen Einheitssprache Rumantsch grischun wohl heissen müssen.

Zur Anweisung «Erlebe Emotionen» meint Dr. Petra Stolba, Geschäftsführerin der Österreichwerbung: «Der Slogan passt. Emotionen kann der Gast bei uns tatsächlich erwarten, denn wir legen Wert auf gelebte Gastfreundschaft – und die ist die einzigartige Mischung aus Dienstleistungsgedanken und Freundlichkeit, gewürzt mit einem ordentlichen Schuss Humor.»

Der österreichische Schriftsteller und Fussballkolumnist Franzobel zum Auftritt seines Landes: «2008 wird sich Österreich nicht als selige Insel der Gemütlichen präsentieren, sondern als Käfig der Selbstbeschädigten, als Land der Antipatrioten-Idioten.»

Jürg Schmid, Geschäftsführer von Schweiz Tourismus, interpretiert die Direktive der UEFA so: «Am Morgen atemberaubende Bergpanoramen erleben, am Mittag in gastfreundlichen Städten flanieren und shoppen und am Abend den Gefühlen in den Stadien freien Lauf lassen – diese Erlebnisdichte wird die Euro 2008 einzigartig machen.»

In Anlehnung an das Schweizer Kreuz auf der Landesfahne lautet der arg gedrechselte Schweizer Lockvers «Schweiz: Entdecke das Plus». Auf das österreichische Wappen mit seinen Querstreifen bezogen, müsste in dieser Logik der Slogan der Co-Veranstalter heissen: «Entdecke das Minus».

Bedrohliche Assoziationen weckt das Motto der Stadt Basel «Mehr als 90 Minuten». Am 13. Mai 2006 stand das letzte Meisterschaftsspiel der Schweizer Super League im Basler St.-Jakob-Park zwischen dem FC Basel und dem FC Zürich nach 90 Minuten 1:1 – womit der FC Basel Schweizer Meister war, genauer: gewesen wäre. Denn der Schiedsrichter liess «mehr als 90 Minuten» spielen. In der 93. Minute erzielte der Rumäne Iulian Filipescu für den FC Zürich das 2:1, was dem FC Zürich im allerletzten Augenblick den Titel sicherte. Was in den «mehr als 93 Minuten» folgte, waren die gewalttätigsten Ausschreitungen, die es im Schweizer Fussball je gegeben hatte. Das Schweizer Fernsehen übertrug die brutalen Keilereien zwischen Fans, Spielern und Ordnungshütern live.

«Wir leben Zürich» sei nicht eben berauschend, befand die FDP der Stadt Zürich zum örtlichen Slogan. Ursprünglich war «Celebration Football» vorgesehen, doch wurde dieser Spruch als zu fussballnah noch vor der offiziellen Lancierung zurückgezogen. «Ein grammatikalisch falscher Slogan für Zürich, das ist doch hirnrissig», kritisierte die Zürcher SVP und forderte Klarheit, «was dieser Seich gekostet hat». Wenig beseelt, aber milde äusserten sich von den politischen Parteien nur die CVP: «gewöhnungsbedürftig», und die SP: «Haut uns nicht vom Hocker.»

Die Kreation «Bern wirkt Wunder» baut offensichtlich darauf, dass Ungarn sich nicht für die Euro-08-Endrunde qualifiziert, was tatsächlich eingetroffen ist. Für die Magyaren war der WM-Final von 1954 in Bern nicht das «Wunder» wie für die Deutschen, sondern eher die «Schmach von Bern». Gekürt wurde der Berner Slogan in einem Wettbewerb aus über 3000 Vorschlägen aus der Bevölkerung. Die Jury unter dem Stadtpräsidenten Alexander Tschäppät (SP) konnte sich lange nicht einigen. «Die Unterschiedlichkeit und die grosse Zahl der eingereichten Vorschläge brauchen mehr Zeit als vermutet», teilte die Findungskommission im September 2006 mit. Jurymitglied Hakan Yakin, YB- und Nationalmannschaftsspieler, war gemäss Pressemitteilung «kurzfristig wegen eines Zusatztrainings verhindert». Auch an der zweiten Jury-Sitzung kniff Yakin, diesmal laut Communiqué «aus sportlichen Gründen». Beidemal dabei war hingegen Züri-West-Sänger und YB-Saisonkartenbesitzer im Stade de Suisse, Kuno Lauener. Der frühere FC-Köniz-Junior Lauener wäre gemäss eigenen Angaben «gerne so ein Typ wie Eric Cantona geworden».

Die SBB dichten: «Mehr Zug aufs Tor.» – «Droit au but avec entrain.» – «In rete col treno.» – «On track to score.»

Die Euro 08 wird in acht Stadien ausgetragen, je vier in der Schweiz und in Österreich. Nur das Stadion in Wien ist von der UEFA als Fünfsternestadion klassifiziert, in dem auch ein Champions-League-Final stattfinden darf. Sieben Stadien wurden seit 2000 neu erbaut; das über 75-jährige Ernst-Happel-Stadion in Wien wurde für die Euro 08 erneuert und ausgebaut. Es ist das einzige Stadion ohne Heimclub.

Wien, Ernst-Happel-Stadion:
Am 1. November 2006 hatten Holzer in aller Frühe vor dem Wiener Ernst-Happel-Stadion bereits zehn Bäume umgesägt, als dreissig Umweltschützer der Grünen Österreichs eine Menschenkette bildeten und die Rodung stoppten. Das Wiener Sportamt liess die Abholzaktion einstellen und kündigte Gespräche mit den Grünen an, um das Fällen weiterer 34 Bäume und das geplante Versetzen von 22 Bäumen zu begründen. Das Amt berief sich auf Sicherheitsvorschriften der UEFA, wonach kein Baum näher als 20 Meter neben einem EM-Stadion stehen dürfe. Die konservative österreichische Volkspartei (ÖVP) unterstützte die Grünen: Es sei unerklärlich, weshalb die Platanen, die 75 Jahre lang bei Grossveranstaltungen keinerlei Probleme bereitet hätten, jetzt plötzlich der Euro 08 im Wege

stehen sollten. Doch die sozialistische Wiener Stadtregierung blieb hart und liess die Bäume in einer nächtlichen Sonderschicht der Wiener Holzarbeiter fällen: «Alle Blaulichtorganisationen sind sich einig, dass der 20-Meter-Sicherheitsring für die Fussball-EM unverzichtbar ist.» Den Grünen blieb das Wehklagen: «Wir nehmen den Baummord mit Verbitterung zur Kenntnis.»

Das Ernst-Happel-Stadion ist das älteste und grösste Stadion der Euro 08 mit einer Kapazität von 53 000 Sitzplätzen. Am 29. Juni 2008 wird hier der Final der Europameisterschaft stattfinden. Eröffnet wurde die Anlage 1931 als Praterstadion. 1992 wurde sie zu Ehren des ehemaligen österreichischen Spitzenfussballers Ernst Happel umbenannt. 1938 bis 1945 wurde das Stadion zu militärischen Zwecken und als Sammelstelle zur Deportation der jüdischen Bevölkerung missbraucht. Eine Gedenktafel im VIP-Bereich erinnert heute daran.

Basel, St.-Jakob-Park:
Dank der Euro 08 wurde der Basler St.-Jakob-Park zum grössten Stadion der Schweiz. 2006 wurde die Kapazität von 30 000 auf 42 500 Sitzplätze erhöht. Eröffnet wurde das von den Basler Stararchitekten und erklärten Fussballfans Herzog & de Meuron konzipierte Stadion 2001. An gleicher Stelle stand vorher das St.-Jakob-Stadion, in dem 1954 Spiele der Fussball-WM stattfanden. Im St.-Jakob-Park integriert ist neben einem unterirdischen Einkaufszentrum auch ein Altersheim mit Direktsicht auf das Spielfeld.

Heimclub ist der FC Basel, mit einem Jahresbudget von rund 30 Millionen Franken der bestdotierte Schweizer Fussballverein. Berüchtigt ist die Muttenzerkurve, die Tribüne hinter dem Tor auf der Seite der Basler Nachbargemeinde Muttenz. Nach Krawallen im Anschluss an das letzte Meisterschaftsspiel gegen den FC Zürich im Mai 2006 musste der FCB zwei Geisterspiele im leeren Stadion sowie drei weitere Spiele mit leerer Muttenzerkurve austragen.

Bern, Stade de Suisse Wankdorf:
Der Name des 2002 bis 2005 neuerbauten Stadions erinnert – wenigstens in der zweiten Namenshälfte – an das Vorgängerstadion an selber Stelle. Im Berner Wankdorf-Stadion fand 1954 der WM-Final zwischen Deutschland und Ungarn statt (3:2). Ein Rasenstück des Wankdorf-Stadions wurde nach dessen Abbruch dem damaligen deutschen Bundeskanzler Gerhard Schröder (SPD) überreicht, der es in den Garten des Bundeskanzleramtes in Berlin pflanzen liess. Rund 1200 der knapp 32 000 Sitzplätze sind VIP-Plätze mit Catering, TV-Schirm und der Möglichkeit, die Spiele ruhig hinter Glas zu verfolgen, was die Stimmung im Stadion auf der Längsseite einschlafen lässt. Für die Euro 08 wird der Kunstrasen durch Naturrasen ersetzt. Dank des Drucks von Greenpeace hat das Stade de Suisse Wankdorf eine besondere Attraktion: Auf dem Dach befindet sich eine der grössten Solarkraftanlagen der Welt mit 1,3 Megawatt Spitzenleistung.

Stefan Niedermaier, Chef der Stade de Suisse Wankdorf Nationalstadion AG, rechnet aufgrund der Auflagen der UEFA damit, dass die Euro-08-Spiele zum Verlustgeschäft werden. Der Heimclub BSC Young Boys hat es bisher noch nie geschafft, ein Meisterschaftsspiel vor ausverkauften Rängen auszutragen.

Zürich, Letzigrund-Stadion:
Eigentlich hätten die Zürcher Euro-08-Spiele im neuerbauten Hardturm-Stadion stattfinden sollen. Eine Flut von Einsprachen verzögerte jedoch den Bau. Der Zürcher Stadtpräsident Elmar Ledergerber (SP) bezeichnete die grünen Blockierer als Öko-Terroristen. Die Stadt Zürich musste notfallmässig das Umbauprojekt des anderen grossen Zürcher Stadions, des Letzigrunds, vorziehen. Im Jahr 2005 stimmte die Stadtbevölkerung einem Kredit von insgesamt 121 Millionen Franken für den Umbau zu. Legendär im alten «Letzi» war die Flachpass-Bar, ein Fantreffpunkt unter der Tribüne. Im Herbst 2007 wurde der erneuerte Letzigrund mit einer Kapazität von 31 000 Plätzen eröffnet. Wegen der 31 auffallenden Scheinwerfer trägt das Stadion den Übernamen Geburtstagstorte. Für Konzerte haben bis zu 50 000 Besucherinnen und Besucher Platz. Der international meistbeachtete Anlass im Letzigrund ist kein Fussballspiel, sondern das alljährliche Leichtathletikmeeting «Weltklasse in Zürich».

Genf, Stade de Genève:
Das 2005 neueröffnete Stade de Genève im Genfer Quartier La Praille (30 084 Sitzplätze) ist meistens gähnend leer, auch wenn der Heimklub Servette FC seine Spiele in der Challenge League, der zweitobersten Schweizer Liga, austrägt. Mehr als 1500 Fans verirren sich selten in den teuren Neubau. Bis kurz vor Fertigstellung des neuen Stadions hatte der Servette FC, einer der ältesten Fussballclubs der Schweiz (gegründet 1890), noch als Spitzenteam in der obersten Liga gespielt. Dann geriet die überschuldete Aktiengesellschaft 2005 in Konkurs. Der FC stieg in die 1. Liga (drittoberste Klasse) ab und spielt heute unauffällig im Mittelfeld der zweitklassigen Challenge League.

Klagenfurt, Wörthersee-Stadion:
Der Name eines Schweizer Nati-Spielers wird mit der Geschichte dieses 2007 fertig gestellten Stadions für immer verbunden sein: Ludovic Magnin erzielte am 11. September 2007 im Länderspiel Schweiz – Japan (3:4) in der 11. Minute das allererste Tor in diesem Stadion. Das offizielle Eröffnungsspiel vom 7. September zwischen Österreich und Japan hatte 0:0 geendet. Nach der Euro 08 schrumpft das Stadion. Statt 32 000 werden im Neubau nur noch 12 500 Personen Platz finden. Die Tribünen werden auf Kosten des Staates demontiert. Der Bau des neuen Wörthersee-Stadions war hoch umstritten. Kritisiert wurden die Kosten von 66 Millionen Euro für lediglich drei EM-Spiele und der Verzicht auf die obligatorische

Umweltverträglichkeitsprüfung. Der Spatenstich erfolgte Anfang 2006, noch bevor eine Baubewilligung vorlag. Zahlreiche bei der Ausschreibung unterlegene Baufirmen führten in Klagenfurt Klage.

Salzburg, EM-Stadion Wals-Siezenheim:
Normalerweise finden in diesem 2003 neuerbauten Stadion am Stadtrand von Salzburg in der Gemeinde Wals-Siezenheim 18 800 Personen Platz. Für die Euro 08 wird es auf 30 000 Plätze ausgebaut und soll anschliessend in dieser Grösse weiter bestehen bleiben; allerdings sind noch Proteste der Anwohner hängig. Die Umbenennung des Stadions nach dem Clubsponsor und -besitzer Red Bull ist frühestens nach der Euro 08 erlaubt. Gemäss Punkt 13 Absatz 2 der Vereinsstatuten hat Red Bull das alleinige Recht, den Vorstand zu bestellen oder abzusetzen. Als Trainerduo beim FC Red Bull Salzburg amtierten 2006/07 zwei Prominente des Weltfussballs: Giovanni Trapattoni und – der inzwischen wieder entlassene – Lothar Matthäus. Der Einstieg von Red Bull, verbunden mit dem Wechsel der jahrzehntelangen Vereinsfarben von violett zu rot-weiss-blau, führte zu einer Abspaltung von Fangruppen und der Gründung der Initiative «Violett-Weiss». Seit 2006 spielen Johan Vonlanthen und Remo Meyer in dieser Mannschaft.

Innsbruck, Tivoli-Neu-Stadion:
Das im Jahr 2000 eröffnete Stadion bietet normalerweise 17 400 Steh- und Sitzplätze. Für die Euro 08 wird es auf 30 000 Plätze erweitert – und nach dem Turnier wieder rückgebaut. Das Stadion ist Teil des Zentrums «Olympiaworld Innsbruck», in dem sich unter anderem auch die Eishalle als Schauplatz der Eishockey-WM 2005 befindet. In Sichtweite steht das sportliche Wahrzeichen der Stadt, die Bergisel-Skisprungschanze.
Das Tivoli liegt 574 Meter über Meer und ist damit nicht nur das höchstgelegene Stadion der Euro 08, sondern überhaupt das höchstgelegene, in dem je ein EM-Endrundenspiel stattfand.

Der höchstgelegene Fussballplatz Europas befindet sich in der Walliser Gemeinde Staldenried-Gspon, oberhalb von Visp auf 1900 Metern über Meer gelegen. Es ist der Heimplatz des 1974 gegründeten FC Gspon: «Wir tragen den Fussball in die Berge.» Im autofreien Dörfchen, das nur zu Fuss und via Seilbahn zu erreichen ist, findet im Mai 2008 die erste Bergdorf-Fussball-Europameisterschaft statt. Ein Spiel dauert zweimal 30 Minuten; denn, so die Veranstalter, «auf 2000 Metern über Meer ist die Luft dünn». Das Veranstaltungslogo über der improvisierten Tribüne wird auf exakt 2008 Metern über Meer plaziert sein. Um den Titel werden in der «Gspon-Arena» Bergdorfauswahlen aus acht EM-Teilnehmerländern spielen: aus der Schweiz, Österreich, Deutschland, Frankreich, Italien, Spanien, Schweden und den Niederlanden. Gemäss Angaben der Organisatoren spielen die Bergdorfmannschaften «ungefähr auf 5.-Liga-Niveau». Die höchstgelegene (Berg-)Gemeinde der Niederlande heisst Vaals und liegt exakt auf 208 Metern über Meer.

Auf 3454 Metern über Meer fand ein Jahr vor Beginn der Euro 08, am 8. Juni 2007, der symbolische Kickoff zur Fussball-EM in den Alpenländern Schweiz und Österreich statt. Auf einem auf dem ewigen Eis ausgelegten Kunstrasen (30 x 15 Meter) auf dem Jungfraujoch im Berner Oberland kickten zwei Prominententeams der beiden Länder gegeneinander. Das rund 15-minütige Spiel endete 5:5. Für die Schweiz erzielten Stéphane Chapuisat und die dänische Verstärkung Michael Laudrup je zwei Tore, David Degen traf einmal.

Eine Woche zuvor hatte die Warenhauskette Manor den offiziellen Organisatoren mit einem Kickoff auf 4478 Metern über Meer die Show gestohlen. Der per Helikopter transportierte und mit Seilen gesicherte Schiedsrichter Urs Meier schoss von der Spitze des Matterhorns einen Euro-08-Ball ins Tal, um den Beginn des Euro-08-Fanartikelverkaufs zu lancieren.

Das höchstgelegene Fussballstadion der Welt ist das Estadio Huancayo mit 15 000 Plätzen in der peruanischen Andenstadt Cerro de Passo (70 000 Einwohner) auf 4380 Metern über Meer. Heimclub ist Deportivo Wanka.

Der höchstgelegene Ort, an dem je ein Fussballspiel ausgetragen wurde, ist das Gipfelplateau des 6541 Meter hohen Sajama in den bolivianischen Anden. Am 15. Juni 2007 spielte eine Mannschaft unter der Führung von Boliviens Staatspräsident Evo Morales gegen eine Auswahl von Bergführern. Das Spiel dauerte 15 Minuten, wobei die effektive Spielzeit kürzer war, da eine mehrminütige Spielunterbrechung nötig war, weil der Ball einmal den Berg hinunterrollte und erst mühsam wieder geholt werden musste. Das Präsidententeam gewann 1:0 – durch ein Tor von Evo Morales in der Schlussminute. Grund für den atemraubenden Match war ein Beschluss des Fussball-Weltverbandes FIFA vom Mai 2007, wonach internationale Wettkämpfe aus Gesundheitsgründen nicht auf einer Höhe von über 2500 Metern über Meer (mit einer Toleranzgrenze bis 2800 Meter) stattfinden dürften. «Skandal», schrie darauf ganz Bolivien, in dessen Nationalstadion in La Paz auf 3600 Metern schon mancher Fussball-Grossmacht die Luft ausgegangen war. Für Staatspräsident und Fussballfan Evo Morales kein echtes Problem: «Überall, wo man Liebe machen kann, ist auch Sport möglich.»
Der Höhenkrieg endete mit einem Kompromiss: Die FIFA erlaubte Bolivien im Sinne einer Ausnahme, vorläufig Spiele in La Paz auszutragen. Allerdings musste der bolivianische Fussballverband sich verpflichten, «alles Nötige vorzukehren», damit La Paz künftig über ein Stadion verfügt, das den Vorgaben der sportmedizinischen Kommission der FIFA entspricht.

In der Qualifikation zur Euro 08 hat Griechenland die meisten Punkte geholt. Die Deutschen haben am meisten Tore erzielt, die Holländer am häufigsten aufs gegnerische Tor geschossen und die Spanier die meisten Corner herausgeholt:

	Spiele	Tore	Torschüsse	Corner	Punkte
Griechenland	12	25	51	44	31
Kroatien	12	28	54	56	29
Tschechien	12	27	83	79	29
Rumänien	12	26	64	65	29
Italien	12	22	64	55	29
Spanien	12	23	79	110	28
Polen	14	24	73	53	28
Deutschland	12	35	79	73	27
Portugal	14	24	76	73	27
Frankreich	12	25	86	80	26
Schweden	12	20	61	58	26
Niederlande	12	15	90	81	26
Türkei	12	25	52	65	24
Russland	12	18	63	68	24

Die Schweiz und Österreich wurden als Gastgeber direkt qualifiziert.

Das unfairste Team nach Anzahl Fouls, das sich für die Euro 08 qualifiziert hat, stellen die Tschechen:

	Spiele	Abseits	Gelb	Rot	Fouls
Tschechien	12	33	14	0	187
Portugal	14	24	23	0	169
Rumänien	12	36	29	1	162
Niederlande	12	26	20	0	162
Polen	14	15	18	0	148
Türkei	12	21	16	0	140
Russland	12	22	15	2	139
Kroatien	12	23	6	0	127
Schweden	12	34	15	0	121
Italien	12	31	14	0	120
Frankreich	12	25	8	0	118
Deutschland	12	19	15	0	115
Griechenland	12	23	20	0	107
Spanien	12	33	19	1	85

Das unfairste Team nach Anzahl gelber Karten der gesamten
EM-Qualifikation war Andorra:

	Gelb	Rot	Fouls
Andorra	37	3	152
Slowenien	30	2	181
Belgien	29	1	152
Rumänien*	29	1	162
Moldawien	28	2	169
San Marino	28	1	147
Serbien	27	1	149
Israel	27	0	150
Georgien	27	0	109
Schottland	26	1	204

*für die Endrunde qualifiziert

Noch nie hat die Schweiz an einer EM-Endrunde ein Spiel gewonnen –
und doch wurde sie einmal Europameister. 1924 verlor die Schweiz zwar
den Olympia-Fussballfinal in Paris gegen Uruguay, wurde als bestes europäisches Team aber inoffiziell zum Europameister ausgerufen. Offizielle
Fussball-Europameisterschaften werden von der UEFA erst seit 1960 veranstaltet.

 Einen offiziellen oder inoffiziellen Europameistertitel feierten bisher
zehn Nationalteams. Es sind dies:

1924, Schweiz:
Die Schweizer Fussball-Nationalmannschaft war nicht grosser Hoffnung,
als sie am 24. Mai 1924 mit dem Zug nach Paris an die Olympischen Spiele
reiste. Das Kollektivbillett war nur zehn Tage gültig; alle rechneten mit
einem frühzeitigen Ausscheiden. Zwar hatte man die letzten drei Vorbereitungsspiele gewonnen, aber die Gesamtbilanz mit 3 Siegen aus 15
Spielen war mager. Der 9:0-Sieg am ersten Tag gegen Litauen, bis heute
der höchste Sieg einer Schweizer Nati, wurde der Reisemüdigkeit der
baltischen Mannschaft zugeschrieben. Beachtlich waren das 1:1-Unentschieden gegen die Tschechoslowakei und der 1:0-Sieg im Wiederholungsspiel gegen den gleichen Gegner. Dann übertrafen die Schweizer
sich mit zwei 2:1-Siegen im Viertelfinal gegen Italien und im Halbfinal gegen den Turnierfavoriten Schweden. Mittlerweile war das Kollektivbillett
für die Rückreise abgelaufen. Auch das Hotel war nur bis zum Achtelfinal
gebucht worden. Nach dem Sieg gegen Italien musste die Zeitung «Sport»
Geld sammeln, um die 6000 Franken für zusätzliche Hotelübernachtungen aufzubringen. Erst im Final gegen die damals übermächtigen Uru-

guayer wurden der Schweiz ihre Grenzen aufgezeigt. Die Urus siegten 3:0 und wurden vor 60 000 Zuschauern Olympiasieger. Der Schweiz blieb der inoffizielle Europameistertitel. Noch nie hatte die Schweizer Nati vor einer so grossen Menschenmenge gespielt wie an diesem 9. Juni 1924 in Paris. Für das Endspiel hatte das Schweizer Radio erstmals eine Live-Übertragung geplant, doch der Ballon mit den radiotelefonischen Anlagen über dem Stadion wurde vom Wind abgetrieben. Die historische Sendung musste abgesagt werden. Die Berner Tageszeitung «Bund» schrieb: «Die Olympiade in Paris hat auf dem Fussballfeld gezeigt, dass die Neutralen nicht die wetterscheuen Ofenhocker sind, dass sie im friedlichen Kampf ihren Mann sogar voranzustellen wissen.» 30 Jahre später pries Maurice Pfefferkorn im «Goldenen Buch des Schweizer Fussballs»: «In einem harten Gefecht kämpfte die Schweiz tapfer, wie eine kleine Armee, die ihre Pässe und Täler zu verteidigen hat.»

Die eingesetzten Spieler der Schweizer Mannschaft am Olympiaturnier von Paris: Hans Pulver (Young Boys); Adolphe Reymond (Servette), Rudolf Ramseyer (Young Boys), August Oberhauser (Nordstern), Paul Schmiedlin (Bern), Aron Pollitz (Old Boys), Karl Ehrenbolger (Nordstern), Adolf Mengotti (Real Madrid), Robert Pache (Servette), Paul Sturzenegger (Zürich), Walter Dietrich (Servette), Xam Abegglen (Lausanne-Sports), Paul Fässler (Young Boys), Bédouret (Servette), Edmond Kramer (Cantonal Neuenburg).

Die Schweizer Torschützen waren: Abegglen 6 Tore, Sturzenegger 5, Dietrich 2, Ramseyer, Pache je 1.

1960, Sowjetunion:
18 000 Zuschauer verloren sich beim ersten offiziellen EM-Final der UEFA im Pariser Parc des Princes. Das favorisierte Frankreich war in einem dramatischen Halbfinal gegen Jugoslawien mit 4:5 gescheitert. Den Ostblockfinal Sowjetunion gegen Jugoslawien gewannen die Sowjets nach Verlängerung 2:1. Die UdSSR hatte sich dank zwei Forfait-Siegen für das Finalturnier qualifiziert, da sich ihr Gegner Spanien auf Geheiss seiner damaligen faschistischen Regierung unter Generalissimo Franco geweigert hatte, im kommunistisch regierten Moskau zu spielen. Die Sowjetunion lehnte eine Austragung auf neutralem Boden ab. So wertete die UEFA Hin- und Rückspiel je mit 3:0 für die Sowjetunion und belegte Spanien mit einer Konventionalstrafe. England, Italien und Deutschland hatten von Anfang an auf eine Teilnahme an der erstmals ausgetragenen EM verzichtet. Auch die Schweiz beteiligte sich nicht an diesem Wettbewerb, der «Europa-Pokal der Nationen» genannt wurde.

Bester Spieler des Europameisters war Torhüterlegende Lew Jaschin, der wegen seines schwarzen Dresses den Übernamen Schwarzer Panther trug. Er war 1963 Europas Fussballer des Jahres und wurde 2001 zum Welttorhüter des Jahrhunderts gewählt. 1969 hatte er als erster Sportler in der Sowjetunion den Leninorden erhalten.

1964, Spanien:
Vor der Rekordkulisse von 124 000 Zuschauern im Madrider Santiago-Bernabeu-Stadion setzte sich die Heimmannschaft im Final gegen die Sowjetunion mit 2:1 durch. Es blieb der bisher einzige Titelgewinn Spaniens an einem grossen Turnier. Auch diese EM hatte ihren Politskandal. In der Vorrunde hatte Griechenland sich geweigert, gegen Albanien anzutreten. Die beiden Länder befanden sich im Kriegszustand. Albanien scheiterte danach im Achtelfinal gegen Dänemark. Die Schweiz war schon in der Vorrunde gegen die Niederlande ausgeschieden.

1968, Italien:
Nur dank Losglück siegte Favorit Italien an seiner Heim-EM. Im Halbfinale gegen die Sowjetunion stand es nach der Verlängerung 0:0 unentschieden, und da es damals noch kein Penaltyschiessen gab, entschied ein Münzenwurf des Schiedsrichters zugunsten der Italiener. Im Final gegen Jugoslawien brauchten die Azzurri die gütige Mithilfe des Schweizer Schiedsrichters Godi Dienst, um eine Niederlage zu verhindern. Dienst wurde eine krasse Bevorzugung der italienischen Mannschaft vorgeworfen. Das Spiel endete 1:1, nachdem Italien erst kurz vor Schluss noch hatte ausgleichen können. Im Wiederholungsspiel setzte Italien sich gegen Jugoslawien klar 2:0 durch. Bei Italien spielten die Legenden Dino Zoff (Torhüter), Gianni Rivera und Sandro Mazzola (die Mittelfeldstrategen) sowie Stürmerstar und Kettenraucher Luigi Riva. Die Schweiz hatte die Qualifikation für die Endrunde gegen Italien, Rumänien und Zypern verpasst.

1972, Deutschland:
Noch heute gilt die Europameister-Mannschaft von 1972 als beste deutsche Nationalmannschaft aller Zeiten. Im Final in Brüssel wurde die Sowjetunion nach begeisterndem Spiel mit 3:0 besiegt. Das 1:0 durch Gerd Müller in der 28. Minute nach Vorarbeit von Frank Beckenbauer und Günter Netzer fand Eingang in Lehrfilme. Weitere klingende Namen im deutschen Team waren Sepp Maier im Tor, Paul Breitner, Uli Hoeness, Jupp Heynckes und Jürgen Grabowski. Die Schweiz war in der Vorrunde knapp an England gescheitert und hatte sich nicht für das Finalturnier qualifiziert.

1976, Tschechoslowakei:
Erstmals wurde 1976 in Belgrad ein Europameister im Penaltyschiessen ermittelt. Zwei Spieler blieben bei diesem Elfmeterkrimi Deutschland gegen Tschechoslowakei besonders in Erinnerung. Zuerst schoss der Bayern-Spieler Uli Hoeness seinen Penalty weit übers Tor – anschliessend lupfte der tschechoslowakische Mittelfeldspieler Antonin Panenka den Ball aufreizend lässig in die Tormitte; der deutsche Goalie Sepp Maier war bereits in eine Ecke gehechtet. Diese Frechheit sicherte der Tschechoslowakei den EM-Titel. Die Osteuropäer hatten in der Vorrunde überraschend England ausgeschaltet und im Halbfinale gegen EM-Favorit und

Vizeweltmeister Niederlande mit 3:1 nach Verlängerung gewonnen. Im Final führte der Aussenseiter schon nach einer halben Stunde 2:0, doch Deutschland vermochte in der allerletzten Spielminute durch einen Kopfball von Bernd Hölzenbein noch auszugleichen. Deutschland hat in der Folge bei einem grossen Turnier nie mehr ein Penaltyschiessen verloren. Die Schweiz wurde in ihrer Qualifikationsgruppe mit der Sowjetunion, Irland und der Türkei Letzte.

1980, Deutschland:
Erstmals fand das Endrundenturnier mit acht (bisher vier) Mannschaften statt. Das favorisierte Heimteam Italien enttäuschte in den Gruppenspielen mit zwei torlosen Unentschieden gegen Spanien und Belgien und besiegte England mit 1:0. Belgien erreichte als Aussenseiter den Final, verlor dort aber gegen Deutschland 1:2. Zum Spieler des Finals wurde das deutsche «Kopfballungeheuer» Horst Hrubesch. Er schoss das 1:0 und kurz vor Schluss in der 88. Minute das 2:1-Siegestor.
Die Schweiz war in ihrer Qualifikationsgruppe der DDR, den Niederlanden und Polen krass unterlegen und schaffte die Qualifikation für die Endrunde abermals nicht.

1984, Frankreich:
Es war die EM des Heimteams Frankreich mit ihrem überragenden Regisseur und Torschützen Michel Platini. Er schoss in fünf Spielen neun Tore (Zweiter in der Torschützenliste war der Däne Frank Arnesen mit drei Toren). Im Endspiel in Paris setzte Frankreich sich gegen Spanien mit 2:0 durch und gewann seinen ersten internationalen Titel. Beinahe wären die Franzosen jedoch zuvor im Halbfinale gegen Portugal gescheitert. In der Verlängerung lagen die Portugiesen 2:1 vorne, doch Platini (wer sonst?) drehte das Spiel mit zwei Toren.
Die Schweiz war in ihrer Ausscheidungsgruppe an Belgien, der DDR und Schottland gescheitert.

1988, Niederlande:
Neun Millionen der 15 Millionen Niederländer befanden sich nach dem Halbfinal-Sieg gegen Deutschland auf den Strassen und feierten euphorisch den Erfolg über den Erzrivalen. Den 2:1-Sieg in Hamburg sicherte der heutige Bondscoach Marco van Basten in der 89. Minute. Im Finale in München setzten die Niederlande sich durch Tore von Captain Ruud Gullit und wiederum Marco van Basten 2:0 gegen die Sowjetunion durch. Das war der erste internationale Titelgewinn der Niederlande, die zuvor an Weltmeisterschaften zweimal ein Endspiel verloren hatten (1974, 1978). Die Schweiz hatte in ihrer Ausscheidungsgruppe mit Italien, Schweden und Portugal schwere Gegner vorgesetzt bekommen und konnte sich nicht qualifizieren.

1992, Dänemark:
Nur dank des kriegsbedingten Ausschlusses von Gruppensieger Jugoslawien durfte Dänemark, das in der Qualifikation ausgeschieden war, überhaupt an der EM in Schweden teilnehmen. Die bereits in den Ferien auf der ganzen Welt verteilten dänischen Nationalspieler mussten zuerst für ein kurzes Trainingslager zusammengetrommelt werden. Ihre demonstrative Lockerheit verhalf den Dänen zu den Übernamen «Ferienkicker» oder «Big-Mac-Truppe» (wegen ihres ausgiebigen Konsums von Hamburgern und Cola während des Turniers). Trotzdem verlor Dänemark unter Trainer Richard Møller Nielsen nur ein einziges Spiel (in der Vorrunde gegen Gastgeber Schweden), besiegte im Halbfinal die Niederlande nach Penaltyschiessen und gewann den Final klar mit 2:0 gegen den amtierenden Weltmeister Deutschland.
Die Schweiz hatte sich in den Gruppenspielen knapp nicht für die Endrunde qualifiziert. Im letzten Spiel hätte ein Unentschieden gegen Rumänien für die Qualifikation gereicht; das Spiel ging 0:1 verloren.

1996, Deutschland:
Erstmals spielte die Schweiz in England an einer UEFA-Europameisterschaft mit und erzielte im Eröffnungsspiel im Londoner Wembley-Stadion gleich einen Achtungserfolg gegen den Turnierfavoriten England. Kubilay Türkyilmaz gelang in der 86. Minute der 1:1-Ausgleich durch Penalty. Es folgten zwei Niederlagen gegen die Niederlande und Schottland und damit das Ausscheiden. Beide Halbfinals (Tschechien – Frankreich und Deutschland – England) wurden erst im Penaltyschiessen entschieden. Im Final setzte sich Deutschland gegen Tschechien durch das Golden Goal von Oliver Bierhoff in der 95. Minute 2:1 durch.

2000, Frankreich:
Erstmals fand die Europameisterschaft in zwei Ländern statt, in Belgien und den Niederlanden. Im Finale sah Italien nach 90 Minuten gegen Frankreich wie der sichere Sieger aus. Erst in der Nachspielzeit konnte Wiltord für die Franzosen zum 1:1-Ausgleich skoren. In der Verlängerung siegte Frankreich dank dem Golden Goal des eingewechselten David Trézéguet mit 2:1. Damit hatte Frankreichs Team, unter anderem mit Zidane, Barthez, Blanc, Désailly, Lizarazu, Thuram, Djorkaeff, Petit und Henry, nach dem WM-Titel 1998 das Double mit WM- und EM-Titel geschafft, was zuvor nur Deutschland (in umgekehrter Reihenfolge 1972/74) gelungen war.
Die Schweiz hatte in ihrer Ausscheidungsgruppe gegen Italien und Dänemark den Kürzeren gezogen und sich nicht für die Endrunde qualifiziert.

2004, Griechenland:
Zusammen mit Lettland und der Schweiz waren die Griechen vor der EM-Endrunde in Portugal die krassesten Aussenseiter aller 16 Mannschaften. Keiner hätte beim Eröffnungsspiel Portugal – Griechenland geglaubt, dass

dies drei Wochen später auch die Finalpaarung sein würde. Und auch der Sieger war beide Male derselbe: Griechenland. Die Griechen unter ihrem Trainer Otto Rehhagel («Rehakles») waren erfolgreich mit einer extrem starken Defensive und dem Spiel auf Konter. Damit besiegten sie im Viertelfinal Frankreich, im Halbfinal Tschechien und im Final Portugal – jedesmal mit 1:0. Die Schweiz machte in Portugal vorwiegend negativ von sich reden. Kein einziges Spiel wurde gewonnen. Alex Freis Spucken in den Nacken des Engländers Steven Gerrard wurde durch ein peinliches Abstreiten zur nationalen «Spuckaffäre». Sünder Alex Frei erhielt drei Spielsperren. Die überforderte Verbandsspitze um Präsident Ralph Zloczower wurde auf Pressefotos als in Badehosen Karten spielende Altherrentruppe entlarvt – und blieb bis heute im Amt.

 Ewige Endrundentabelle Europameisterschaften 1960–2004:

	Teiln.	Sp.	S	U	N	Tore	Pkte
1. Deutschland	9	32	15	10	7	45:32	55
2. Niederlande	7	28	14	8	6	45:28	50
3. Frankreich	6	25	14	6	5	45:28	48
4. Italien	6	23	10	10	3	24:14	40
5. Tschechien	6	22	10	5	7	32:26	35
6. Portugal	4	19	10	4	5	27:16	34
7. Spanien	7	24	8	8	8	26:28	32
8. England	7	23	7	7	9	31:28	28
9. Sowjetunion	6	16	7	4	5	18:16	25
10. Dänemark	7	24	6	6	12	26:38	24
11. Schweden	3	11	3	5	3	16:12	14
12. Griechenland	2	9	4	2	3	8:8	14
13. Belgien	4	12	4	2	6	13:20	14
14. Jugoslawien	5	14	3	2	9	22:39	11
15. Kroatien	2	7	2	2	3	9:11	8
16. Schottland	2	6	2	1	3	4:5	7
17. Rumänien	3	10	1	2	7	7:14	5
18. Irland	1	3	1	1	1	2:2	4
19. Norwegen	1	3	1	1	1	1:1	4
20. Russland	2	6	1	1	4	6:12	4
21. Türkei	2	7	1	1	5	3:9	4
22. Bulgarien	2	6	1	1	4	4:13	4
23. Ungarn	2	4	1	0	3	5:6	3
24. Slowenien	1	3	0	2	1	4:5	2
25. Schweiz	2	6	0	2	4	2:10	2
26. Lettland	1	3	0	1	2	1:5	1

(Rangliste nach der 3-Punkte-Regel)

Die erfolglosesten Teams Europas: Drei von 52 Nationalmannschaften, die an der Ausscheidung zur Euro 08 teilgenommen haben, haben 0 Punkte erreicht.

1. San Marino

In 45 EM-Ausscheidungsspielen seit 1990 hat der norditalienische Zwergstaat, dessen Nationalhymne (Inno Nazionale) rein instrumental ist, noch keinen einzigen Punkt geholt. Einmal fehlte nur wenig: Am 7. Februar 2007 stand das Spiel gegen Irland im Stadio Olimpico von Serravalle nach 90 Minuten 1:1 unentschieden, doch der Ire Stephen Ireland traf in der sechsten Minute der Nachspielzeit noch zum 2:1-Auswärtssieg für Irland. Die höchste Niederlage San Marinos gab's am 13. September 2006 mit 0:13 gegen Deutschland (4facher Torschütze Lukas Podolski). Der einzige Sieg in der Länderspielgeschichte gelang San Marino in einem Freundschaftsspiel mit 1:0 gegen Liechtenstein am 28. April 2004. Erster Länderspielgegner San Marinos überhaupt war am 14. November 1990 die Schweiz. Die Schweizer siegten in diesem EM-Qualifikationsspiel 4:0 (Rückspiel: 7:0). Einen bemerkenswerten Rekord hält der sanmarinesche Fussballverband. Das schnellste Tor der ganzen EM-Geschichte erzielte San Marinos Davide Gualtieri 1993 gegen England nach nur gerade 8,3 Sekunden. San Marino verlor 1:7.

2. Andorra

Die Schlusszeile der andorranischen Nationalhymne «Und meine Verteidiger seien Fürsten!» ist für die Nationalmannschaft mehr Wunsch als Wirklichkeit. Während der Qualifikation zur Euro 08 musste die Verteidigung Andorras 42 Gegentreffer zulassen. Die Stürmer erzielten zwei Tore. Noch nie hat Andorra ein EM-Ausscheidungsspiel gewonnen, hingegen immerhin schon einmal ein Weltmeisterschafts-Qualifikationsspiel: am 13. Oktober 2004 mit 1:0 gegen Mazedonien. Das Heimstadion im Pyrenäenstaat weist nur gerade 1200 Plätze auf. Die Schweiz hat noch nie gegen Andorra gespielt.

3. Färöer

Die Färöer haben zwar eine sehr lange Fussballtradition (erste Clubgründung 1892) und, verglichen mit der Bevölkerungszahl, so viele Fussballer und Fussballerinnen wie kein anderes Land; 5000 von 48 000 Färingern haben sich diesem Sport verschrieben. Die Liste der Erfolge bleibt allerdings kurz. Der schönste Tag in Färöers Fussball ist Österreichs schlimmster: Am 12. September 1990 siegten die Färöer in der EM-Qualifikation gegen Österreich mit 1:0. «Oh du mein schönes Land» («Tu alfagra land mitt»), so beginnt die 1930 eingeführte färöische Nationalhymne. Die Schweiz hat bisher viermal gegen die Färöer gespielt (4 Siege, 15:2 Tore).

Keine Mitglieder des Europäischen Fussballverbandes UEFA sind: Gibraltar, Grönland, Monaco, Nordzypern sowie der Vatikan.

 Die besten Torschützen an einer EM-Endrunde sind:

9 Tore	Michel Platini (FRA)
7 Tore	Alan Shearer (ENG)
6 Tore	Patrick Kluivert (NL)
5 Tore	Milan Baros (CZE), Nuno Gomes (POR), Thierry Henry (FRA), Marco van Basten (NL), Jürgen Klinsmann (D), Zinédine Zidane (FRA), Savo Milosevic (Serbien)
1 Tor	Kubilay Türkyilmaz, Johan Vonlanthen (CH)

Die EM-Maskottchen:

1980 Italien	Holzpuppe Pinocchio
1984 Frankreich	Hahn Peno
1988 Deutschland	Hase Berni
1992 Schweden	Hase, namenlos
1996 England	Löwe Goliath
2000 Belgien/NL	Teufel Benelucky
2004 Portugal	Dorfjunge Kinas
2008 CH/Österreich	Comicfiguren Trix und Flix

Zu gewinnen gibt's an den Fussball-Europameisterschaften seit 1960 den Henri-Delaunay-Pokal. Der versilberte EM-Pokal wurde von Arthur Bertrand entworfen und ist 60 Zentimeter hoch und 7,6 Kilogramm schwer. Benannt wurde der Pokal nach dem Franzosen Henri Delaunay, dem ersten UEFA-Generalsekretär und geistigen Vater der Fussball-Europameisterschaft. Die EM-Trophäe bleibt als Wanderpokal in ständigem Besitz der UEFA. Sollte eine Mannschaft dreimal in Folge oder fünfmal insgesamt Europameister werden, erhält der entsprechende Verband eine originalgetreue Nachbildung der Trophäe vom europäischen Fussballverband. Ansonsten dürfen Kopien, die siegreiche Fussballverbände herstellen lassen, maximal vier Fünftel der Originalgröße aufweisen und müssen die gut sichtbare Bezeichnung «Replika» tragen.

Eine Merkwürdigkeit, die niemand überzeugend zu erklären vermag, ist die Tatsache, dass bei TV-Übertragungen ein Reporter das ganze Fussballspiel kommentiert und jeden Spieler dutzendfach mit Namen nennt, wenn er gerade am Ball ist. Im Stadion erklärt der Speaker den Zuschauern auch nicht, was sie sehen. Der Grund für die seltsame Fernsehsitte ist wohl, dass die TV-Berichterstattung aus den Radioreportagen gewachsen ist und immer noch nicht ganz selbständig geworden ist.

Damit wenigstens die Kommentatoren beim öden Leiern etwas Spass haben, üben sie sich im Einbau von Wörtern, die nichts mit dem Fussballspiel und dem Geschehen auf dem Rasen zu tun haben. Basis für die Nennung von überraschenden Begriffen wie «Haselnuss» oder «Blindschleiche» ist in der Regel eine Wette unter TV-Kollegen. Einsatz: ein Nachtessen. Den rat- und ahnungslosen Zuschauern bleibt das Kopfschütteln über Wendungen der Art: «Dieser Ball strich knapp am Pfosten vorbei. Da hätte keine Haselnuss mehr Platz gehabt.» Oder beim Testspiel Schweiz – USA: «Das Schweizer Team muss zwar nicht gerade wie eine Anaconda agieren. Aber auch nicht unbedingt so wie eine Blindschleiche.» Das Schweizer Fernsehen verbietet seinen Kommentatoren das Plazieren offiziell als «Missbrauch des Mikrophons».

Der Reporter Bernard («Beni») Thurnheer löste mit einem seiner Plazierungsscherze gar ein mittleres politisches Gewitter aus. Bei der WM-Endrunde 2006 liess er sich die Begriffe jeweils kurz vor dem Spiel per SMS aus der Public-Viewing-Zone des Casinotheaters in Winterthur übermitteln. Für das Spiel Schweiz – Südkorea lautete das zu plazierende Wort, das ihm der künstlerische Leiter des Comedy-Hauses, Paul Burkhalter, auf Verlangen der Fans mitteilte: «Handarbeitslehrer». Als Philippe Senderos sich am Kopf verletzte und stark blutete, sah Reporterstar Thurnheer die Gelegenheit gekommen und meinte: «Jetzt ist aber ein Arzt gefragt, und nicht bloss ein Handarbeitslehrer.»

In einer Medienmitteilung teilten Beat W. Zemp, Zentralpräsident des Dachverbands Schweizer Lehrerinnen und Lehrer (LCH), und Dr. Anton Strittmatter, Leiter Pädagogische Arbeitsstelle LCH, am 25. Juni 2006 der Schweiz mit:

«Gelbe Karte für Beni Thurnheer – der Dachverband Schweizer Lehrerinnen und Lehrer (LCH), dem rund 50 000 Lehrkräfte aller Stufen angeschlossen sind, protestiert gegen den dummen Spruch von Kommentator Beni Thurnheer anlässlich der Verarztung von Philippe Senderos im WM-Spiel Schweiz – Südkorea vom letzten Freitag. Thurnheer verletzte mit seiner Bemerkung, nun müsse aber ein richtiger Arzt her und ‹nicht bloss ein Handarbeitslehrer›, die Würde eines ganzen Berufsstandes. Der LCH erwartet vom Schweizer Fernsehen eine öffentliche Entschuldigung für diesen Ausrutscher. Auch die Lehrerschaft hat Sinn für Humor und für Toleranz bei sprachlichen Unbeholfenheiten in Stresssituationen. Es ist aber weder sportlich noch vom Unterhaltungswert her zu rechtfertigen, mit Diffamierungen zu arbeiten. Für dieses Foul gibt's eine gelbe Karte.»

Die Kommentatoren des Schweizer Fernsehens sind nicht die Glanzpunkte des schweizerischen Fussballbetriebs.

Dani Wyler, in Fachkreisen oft «Langwyler» genannt: Dass seine Stimme eine Oktave zu hoch ist, dafür kann er nichts. Vielleicht wäre sein Traumberuf Kinderarzt doch die bessere Lösung gewesen. Sein Medizinstudium brach er allerdings nach wenigen Semestern ab, um sich auf Journalistik und Geschichte zu verlegen. Als aktiver Fussballer brachte er es bis auf 3.-Liga-Niveau. Heute spielt er bei den Veteranen des FCZ und gilt darum als Fussballexperte. Wyler ist der einzige der aktuellen Fussballreporter, über den ein Buch erschienen ist, das er nicht selbst geschrieben hat: «Gelb gegen Dzemaili. Kommentierte Werke von Dani Wyler». Dabei handelt es sich um Auszüge aus dem Live-Kommentar des U-20-WM-Spiels der Schweiz gegen Brasilien vom 15. Juli 2005, dargestellt in Versform. «Nie wurde meine Arbeit kompetenter gewürdigt», freute Wyler sich.
Mehr Talent hat Wyler offenbar als Händchenhalter älterer Damen, wie er im Blog des Schweizer Fernsehens während der WM 2006 in Deutschland schilderte: «Nach der Partie Japan – Australien musste ich eine circa 70-jährige Japanerin während der Bahnfahrt trösten. Die gute Frau war nach der unerwarteten Niederlage völlig aufgelöst! Psychologisches Taktgefühl war gefragt.»
Dani Wyler im O-Ton: «Eine Riesenchance. Das Tor war leer, bis auf den Torhüter.»

Bernard Thurnheer plaudert vor dem Mikrophon seiner Pension entgegen und verkörpert heute noch den matten Schatten der eigenen Legende. Immerhin, einen Fan hat er halten können, Nati-Captain Alex Frei: «Länderspiele, das ist einfach Beni. Leider höre ich ihn selten, ich muss ja spielen. Aber die Kollegen erzählen, was er über mich sagt. Und meist liegt er richtig.» Seine ausfransende Beliebtheit führt Thurnheer auf die schlechten Eigenschaften des hiesigen TV-Publikums zurück: «Wenn Deutschland spielt und ein Tor kassiert, zappen die schadenfreudigen Schweizer immer auf die deutschen Sender, um die dortigen Reporter leiden zu hören. Schlecht für die Einschaltquote!»
Bernard Thurnheer im O-Ton, als Schiedsrichter McCurry von Spielern bedrängt wird: «Alle reden auf den Schiri ein, aber das ist dem McCurry Wurst.» Oder: «Jetzt, Überzahl: zwei gegen zwei!»

Sascha Ruefer, als Mitorganisator des Grenchener Uhren-Cups in einer journalistisch unlauteren Doppelrolle, verbreitet vor dem Mikrophon und vor der Kamera mehr angestrengte Originalität als Kompetenz.
Sascha Ruefer im O-Ton: «Die Stimmung auf den Rängen kommt mir vor wie bei der Einweihung einer Kläranlage.» Und: «Stankovic hat die Zukunft noch vor sich.» Oder: «Bei diesem Spiel erkennt man den Unterschied zwischen guten und schlechten Herzschrittmachern.»

Dani Kern hätte längst eine Ehrenmitgliedschaft im Club «Rettet der Akkusativ!» verdient. In seinem Kampf gegen die deutsche Grammatik fällt er weniger durch eine spitze Zunge auf als durch den spitzen Ostschweizer Akzent, der auch vor dem Hochdeutschen nicht haltmacht. Kern bezeichnete – ein Jahr vor seiner Hochzeit mit Daniela – an der Fussball-WM 2006 den mexikanischen Star und zweifachen Torschützen Omar Bravo konsequent als Amor Bravo. Höhepunkt seiner bisherigen Sportreporterkarriere: Er tippte vor der WM 2006 auf Italien als Weltmeister.

Rainer Maria Salzgeber, Walliser und bekennender FC-Sion-Fan: «grossartig», leidet immer noch täglich darunter, dass Sion die Olympischen Winterspiele 2006 nicht erhalten hat: «unglaublich». Der Fussball-Chefmoderator des Schweizer Fernsehens wollte nach eigenen Angaben Pilot werden, merkte indes bald, dass sein Wortschatz: «grossartig», «unglaublich», ihn zum Sportreporter prädestinierte. Der frühere Torhüter des FC Brig (2. Liga), der sich im TV-Prominententeam «Der Match» selbst als «grossartigen» Goalie einstuft und der im Studio gerne mit Ex-Nati-Goalie Jörg Stiel vor laufenden Kameras herumalbert, ist nicht frei von tieferen Einsichten: «Man muss den Sport lieben, aber nicht glorifizieren.» Unglaublich!

«Aus helvetischen Augen betrachtet», so steht im offiziellen Erinnerungswerk des Organisationskomitees der Fussball-Weltmeisterschaft 1954 in der Schweiz, «war der Billett-Schwarzhandel der allerdunkelste und trübste Punkt.» Die höchsten Preise wurden am Samstagnachmittag beim Bahnhof Bern bezahlt, wie das «Berner Tagblatt» berichtete. Stehplätze kosteten bis 35 Franken. Das ist das Sechsfache des ursprünglichen Preises von sechs Franken. Für Sitzplätze auf der Haupttribüne wurden Höchstpreise von 250 Franken (Normalpreis Fr. 36.–) erzielt.
Am Sonntagmorgen, 4. Juli, begannen die Schwarzmarktpreise allerdings wieder zu fallen. Vor dem Bahnhof herrschte ein Riesengedränge, verursacht nicht durch Reisende, sondern durch Verkäufer und Schaulustige. Gerüchte über Fälschungen hatten Hektik ausgelöst. Am Nachmittag, im Dauerregen vor dem Stadion, sanken die Preise weiter. Viele Karten mussten unter Einstandspreis verkauft werden; am Schluss blieben etliche Billette gar unbenutzt. Der offizielle WM-Bericht stellt fest: «Die Spekulanten hatten – dem Schicksal und Petrus sei es gedankt – das Nachsehen.»

In der Schweiz erhält die Bundespolitik Anrecht auf 995 der heiss begehrten Tickets für Euro-08-Spiele. Diese teilen sich folgendermassen auf: Insgesamt sind 250 Tickets (kostenpflichtig) für die National- und Ständeräte reserviert. Je 75 Tickets (kostenpflichtig) sind für jedes der sieben Eidgenössischen Departemente reserviert: 525 Tickets. Je 30 VIP-Tickets (gratis von der UEFA) sind für jedes Eidgenössische Departement reserviert, 10 VIP-Tickets (ebenfalls gratis von der UEFA) erhält die Bundeskanzlei: 220 VIP-Tickets.

Bundesrätin Micheline Calmy-Rey (SP) hat angekündigt, das Gratiskontingent ihres Aussenministeriums voll auszuschöpfen: «Ich kann alle meine Amtskollegen und alle Präsidenten einladen, die ich als Bundespräsidentin 2007 getroffen habe.»

An der Fussball-Weltmeisterschaft 2006 in Deutschland hatten gemäss Protokoll des Bundesinnenministeriums genau 79 deutsche Spitzenpolitiker Anspruch auf freie Tickets für die WM-Spiele.

Wer ein Euro-08-Spiel im Stadion mitverfolgen will, muss, sofern er oder sie überhaupt Tickets ergattern konnte, zwischen 70 Franken (billigster Sitzplatz Gruppenspiele) und 880 Franken (teuerster Sitzplatz Final) bezahlen. An der WM 2006 in Deutschland betrug diese Preisspanne 56 bis 960 Franken.

 Fussball-Eintrittspreise in Schweizer Franken:

	Billigstes Ticket Gruppenspiele	Teuerstes Ticket Final
WM 1954 Schweiz	3	36
WM 1998 Frankreich	40	750
WM 2002 Japan/Korea	72	900
Euro 2004 Portugal	56	432
WM 2006 Deutschland	56	960
Euro 2008 CH/Österreich	70	880

Zum Vergleich: Die billigsten Sitzplatztickets für Meisterschaftsspiele kosten (in Schweizer Franken, Stand 2007):

FC Chelsea	103.50
Arsenal	73.50
Bayern München	19.–
FC Barcelona	48.– (gegen Real Madrid 120.–)
AC Milan	32.–
FC Zürich	33.– (Topspiele 38.–)

Betet, freie Schweizer, betet!

Sieben Fragen an Markus Büchel, Bischof des Bistums St.Gallen:

Singen Sie mit, wenn vor dem Match der Schweizerpsalm ertönt?
Bischof Markus Büchel: Wenn ich anwesend wäre, könnte ich mir das gut vorstellen. Aber ich bin fast nie in einem Fussballstadion.

Was sagt Ihnen die Zeile: «Betet, freie Schweizer, betet!»?
Ich freue mich als Bischof, dass der Schweizerpsalm ans Beten erinnert. Das Gebet ist Ausdruck von Überwältigtsein und Staunen im Erleben der Schöpfung. Wer betet, sucht ein Du, mit dem er sprechen kann, dem er danken und dem er sich anvertrauen kann. Wir Christen wissen, dass dieses Du – Gott – uns Freiheit schenkt, unsere Freiheit aber auch beschränkt. Weil Er jeden Menschen liebt – auch den Nichtschweizer/die Nichtschweizerin –, habe ich aufgrund meiner Bindung an Gott die Würde aller Menschen gleichermassen zu achten. Ob alle Schweizerinnen und Schweizer sich dessen bewusst sind?

Darf man für einen Sieg der Schweizer Fussball-Nationalmannschaft beten?
Natürlich darf man dafür beten – aber die Fans der gegnerischen Mannschaft können das auch. Was soll Gott dann tun?

Freikirchliche Kreise engagieren sich im Rahmen der Euro 08. Sollen die Landeskirchen in diesem Zusammenhang ebenfalls aktiv werden?
Binational und ökumenisch wollen die Landeskirchen Fans wie Spieler während der Euro 08 begleiten und mithelfen, dieses Grossereignis zu einem gelungenen Fest der Begegnung zu machen. Die Kirchen möchten, dass die Euro 08 nicht nur ein gelungenes sportliches Gegeneinander, sondern auch ein gelungenes menschliches Miteinander wird. Wir wollen mit den Menschen die Fussballbegeisterung teilen, aber auch offen sein für ihre existentiellen und sozialen Bedürfnisse. Ein Fanschal mit dem Aufdruck «Kirche 08» soll an allen acht Austragungsorten das gemeinsame Erscheinungsbild der evangelischen und römisch-katholischen Kirchen sein. Vor Beginn und gegen Ende der Euro 08 werden in der Schweiz und in Österreich ökumenische Gottesdienste gefeiert.

Ist Gott ein Fussballfan?
Gott ist zuerst und vor allem ein Fan der Menschen; er steht auf der Seite der Menschen und möchte sie glücklich und lebendig sehen. Solange das Spiel zu diesem Glück beiträgt, ist es sicherlich im Sinne des Schöpfers. Wenn es jedoch nur noch darum geht, möglichst viel Geld zu verdienen, und wenn die Begeisterung in Gewalt umschlägt, dann kann sich niemand mehr auf Gott berufen. Deshalb sehe ich den Spass und die Freude der

Kinder, Jugendlichen und aller begeisterten Fussballspieler durchaus mit anderen Augen als den Betrieb der Profis.

Gibt es einen Bibelvers, der sich auf den Fussballsport bezieht?
Im 2. Makkabäerbuch (2. Makk 4, 14) gibt es den schönen Satz: «Schliesslich kümmerten sich die Priester nicht mehr um den Dienst am Altar. Dafür gingen sie eilig auf den Sportplatz, (...) um an dem Spiel, das vom Gesetz verboten war, teilzunehmen.» Aber damals ging es um das Diskuswerfen. Heute ist es nicht mehr verboten, am Spiel auf dem Sportplatz teilzunehmen. Vielleicht passt da eher der Vers (Ps 104, 33): «Ich will meinem Gott spielen, solange ich da bin.» Zwar geht es auch da nicht um Fussball. Aber die Haltung, die darin beschrieben ist, scheint mir auch heute noch hilfreich: Wer mit Respekt und Achtung für die Gegenspieler und die eigenen Mannschaftskameraden ins Spiel geht, gewinnt immer – auch wenn er das Spiel verliert.

Wer wird Europameister?
Es gibt die üblichen Verdächtigen. Für die Schweizer Nationalmannschaft als Gastgeberin kommt es darauf an, möglichst rasch möglichst viel Begeisterung zu entfachen – dann kann sie weit kommen.

Die Leitung der Reformierten Kirchen Bern-Jura-Solothurn hat sich eingehend mit Frage befasst, ob in Kirchenräumen während der Euro 08 Grossleinwände installiert und Übertragungen organisiert werden sollen. Die Pfarrer kamen zu einem negativen Beschluss und zitierten zur Begründung das Jesuswort: «Tragt Sorge zum Bethaus und macht daraus nicht ein Tollhaus.»

Mit einem Kick von der Kanzel in die vier Schweizer Stadien wollten die reformierten Pfarrer trotzdem direkt an der Euro 08 teilhaben. Ruedi Reich, Präsident der reformierten Kirche des Kantons Zürich, propagierte offiziell das Projekt, in den Räumen der vier Fussballstadien in Basel, Bern, Genf und Zürich je einen christlichen Gebetsraum als Ort der Begegnung und der Mission einzurichten: «Wo sich Menschen in Massen aufhalten, gibt es immer auch Einsame.» Ein ähnliches Konzept hatte an der WM 2006 in Deutschland die Kritik anderer Religionsgemeinschaften geweckt und wurde gestoppt.

Der Slogan der Schweizer Landeskirchen für die Euro 08 lautet: «Kirche 08. Am Ball seit 2008 Jahren». Historiker und Satiriker reiben sich die Augen und fragen: Hat Jesus die Kirche im Jahr seiner Geburt gegründet? «Das nächstemal, liebe Gläubige», spottet der Kolumnist Peter Schneider, «wollen wir in unserer Predigt die Frage behandeln, wohin es führt, wenn in unserer gottlosen Gesellschaft Religion immer mehr zum Fussballersatz wird.»

Darf man für einen Erfolg der landeseigenen Fussball-Nationalmannschaft beten? In Deutschland ist über diese Frage vor der WM-Endrunde 2006 eine eigentliche Kontroverse entbrannt. Wolfgang Huber, Ratsvorsitzender der Evangelischen Kirche Deutschlands (EKD), ermunterte die Gläubigen, für das Weiterkommen der deutschen Elf Gott anzuflehen: «Beim Gebet gibt es keine Zensur. Wir können uns mit allen unseren Wünschen und Hoffnungen Gott anvertrauen.» Das Gebet sei so wichtig «wie das harte Training und die zielgerichtete sportliche Vorbereitung», ermahnte Priester Huber die Spieler.

«Wenn, dann bete ich für meine Familie», erklärt der frühere deutsche Bundestrainer Jürgen Klinsmann. «Der katholische Glaube ist ein wichtiger Teil meines Lebens. Aber ich würde nie für einen Sieg beten», wehrt der deutsche Nationalverteidiger Christoph Metzelder ab: «Gott zeigt sich nicht in 90 Minuten. Es gibt keinen Fussballgott.» Der deutsche Pfarrer Hans-Georg Ulrichs, WM-Beauftragter der Evangelischen Kirche Deutschlands, doziert: «Das Spiel ist frei. Das ist ein wesentliches Element des Spiels. Wer für den Sieg des eigenen Teams betet, ist sozusagen ein sportlicher Sünder und ein schlechter Theologe.»

Lukas Podolski, Stürmer der deutschen Nationalmannschaft, entzündete vor der WM 2006 im Kölner Dom eine Kerze: «Ich habe gebetet, dass Gott mich beschützt bei der WM und mir Kraft gibt.»

Die deutsche Bischofskonferenz veröffentlichte vor der WM-Endrunde offizielle Anregungen zur fussballerisch-theologischen Predigt in der Kirche und zur privaten Meditation:
Zum Tor: «Schon Jesus spricht von dem Nadelöhr, durch das, und von der engen Strasse, auf der man in das Himmelreich gelangt. Gott stellt Tore auf, und wir sind gut beraten, den Ball unseres Lebens dort hineinzuschiessen.»
Zur Markierung des Spielplatzes: «Seht die Linien des Feldes.»
Zum Sieg: «Die Bibel ruft in Erinnerung, der eigentliche Weltmeister ist nicht der Mensch, sondern Gott: Dein, Herr, sind Grösse und Kraft, Ruhm und Sieg. [...] Dein ist alles im Himmel und auf Erden. [...] Du erhebst dich als Haupt über alles. [...] In deiner Hand liegen Kraft und Stärke; von deiner kommt alle Grösse und Macht. Jeder Sieg ist nur ein geliehener Sieg.»
Und zur Niederlage: «Der Wille Gottes ist die Niederlage. Der Sohn Gottes gab sich für uns verloren. Jesus war ein Verlierer. Selig die Trauernden, denn sie werden getröstet werden.»
Der Erzbischof von München und Freising, Joseph Kardinal Ratzinger, der spätere Papst Benedikt XVI., predigte am 3. Juni 1978 vor der WM-Endrunde in Argentinien am Bayrischen Rundfunk: «Mir scheint, die Faszination des Fussballs bestehe wesentlich darin, dass er diese beiden Aspekte in einer sehr überzeugenden Form verbindet: Er nötigt den Men-

schen, zunächst sich selbst in Zucht zu nehmen, so dass er durch Training die Verfügung über sich gewinnt, durch Verfügung Überlegenheit und durch Überlegenheit Freiheit. Er lehrt ihn aber dann vor allem auch das disziplinierte Miteinander; als Mannschaftsspiel zwingt er zur Einordnung des Eigenen ins Ganze... Im Zusehen identifizieren sich die Menschen mit dem Spiel und den Spielern und sind so selber am Miteinander und Gegeneinander, an seinem Ernst und seiner Freiheit beteiligt: Die Spieler werden zum Symbol des eigenen Lebens; das wirkt wieder auf sie zurück...
Natürlich kann dies alles verdorben werden durch einen Geschäftsgeist, der das Ganze dem düsteren Ernst des Geldes unterwirft und das Spiel aus einem Spiel in eine Industrie verkehrt, die eine Scheinwelt von erschreckendem Ausmass hervorbringt.»

«Bei einem Elfmeterschiessen wird man im ganzen Land keinen einzigen Atheisten finden», sagt die Kirche von England. Sie erlaubt es ausdrücklich, dass man für Beckham, Rooney, Gerrard oder Lampard betet.

Die anglikanische Kirche von England hat auf ihrer Website ein spezielles Gebet für die Anhänger (und die Spieler) der englischen Fussball-Nationalmannschaft veröffentlicht:

«O Herr, unser Gott,
Du bist der Quell allen Lebens und der Freude.
Du lässt uns frische Kräfte schöpfen.
Dir verdanken wir all unser Können.
Im Namen aller Beteiligten,
Und besonders im Namen derer, die unser Land vertreten,
Bitten wir Dich:
Schenke unseren Spielern gute Gesundheit!
Verleihe ihrem Spiel den Geist hoher Fairness!
Und schenke allen, die zuschauen, Sicherheit und Wohlergehen!
Auf dass wir im gemeinsamen Genuss des Spiels
Uns freuen in unserm Herrn Jesus Christus,
Der zu uns kam, uns das volle Leben zu bringen.
Amen»

Das englische Team mit den «Three Lions» auf den schönen Trikots konnte sich trotz Anrufung des Allmächtigen nach dürftigen Leistungen und Spielen ohne «Leben», ohne «Freude», ohne «Können» und auch ohne «Genuss» nicht für die EM-Endrunde 2008 qualifizieren. Auch das Gotteswort «Die Ersten werden die Letzten sein, und die Letzten werden die Ersten sein» (Matthäus 19, 30) kann der Verlierernation keine neue Zuversicht bringen. England beendete die Qualifikation nicht am Schluss, sondern im Mittelfeld seiner Gruppe, hinter Kroatien und Russland. Mittelmass bleibt Mittelmass, auch vor Gott. Amen.

Das Gebet der Fussball-Nationalmannschaft aus Ghana lautet:

«Herr, lass uns fair spielen.
Lass unser Spiel in deinen Augen gut sein.
Lass unser ganzes Leben ein faires Spiel sein,
eine Augenweide für dich und die Mitmenschen.
Und Herr,
wenn du gnädig bist, dann lass uns gewinnen,
hier im Spiel und später,
wenn das Spiel und das Leben
zu Ende sind.
Amen.»

Der Sportbeauftragte der Evangelischen Kirchen Deutschlands organisierte während der WM-Endrunde 2006 in Berlin «Halbzeitandachten». In den 15-minütigen religiösen Erbauungen wurden der Fussball und Begriffe wie rote Karte, Foul oder Elfmeter «in biblischem Sinn ausgelegt». Gepredigt wurde in dem «Trikot Gottes», wie es hiess, dem Talar.

Der Schweizer Verteidiger Philippe Senderos in der «Weltwoche» zu seinem Verhältnis zu Religion und Kirche: «Ich habe einen gesunden Respekt vor Gott, grundsätzlich interessiert mich die Religion aber nur kulturhistorisch. So, wie mich fremde Sprachen interessieren, zum Beispiel Arabisch, Chinesisch, irgendetwas Spezielles.»

Der Vatikan liess die Bezeichnung «Goal» ins Latein übersetzen. Gemäss neulateinischem Wörterbuch heisst ein Treffer «retis violatio», wörtlich rückübersetzt: «Verletzung des Netzes».

Was macht der Papst am Endspieltag? Natürlich erst die Arbeit, erklärt die Katholische Nachrichtenagentur. Ohnehin nähert sich Benedikt XVI. dem Phänomen Fussball auf seine eigene Weise. Sein Vorgänger Johannes Paul II., in der Jugend eine echte Sportskanone und noch als junger Papst ein schneidiger Skifahrer, wurde von Schalke 04 und vom CF Barcelona als Ehrenmitglied geführt. Joseph Ratzinger, der langjährige Präfekt der römischen Glaubenskongregation, hat einen intellektuellen Zugang zur Frage, wie das Runde in das Eckige gelangen kann.
In einer Reflexion über die Fussball-WM aus dem Jahr 1978 spricht er von einem «Tun, das ganz frei ist, ohne Zweck und ohne Nötigung, und das dabei doch alle Kräfte des Menschen anspannt und ausfüllt». Im Heraustreten aus dem versklavenden Ernst des Alltags handle es sich um eine «versuchte Heimkehr ins Paradies», in den «freien Ernst dessen, was nicht sein muss und gerade darum schön ist».

Die fussballerische Schule des Lebens geht für den Papst aber über das eigene Team hinaus. Das Spiel lehre ein «faires Gegeneinander, bei dem die gemeinsame Regel, der man sich unterstellt, in der Gegnerschaft das Verbindende und Einende bleibt». In dieser Frage bleibt Benedikt XVI. keineswegs theoretisch. Im März sandte er vor dem Spiel Deutschland – Italien in Florenz einen Appell gegen Intoleranz und Diskriminierung, nachdem es zuvor in italienischen Stadien wiederholt zu Ausschreitungen und ausländerfeindlichen Parolen gekommen war. Nach Kirchenangaben war es das erstemal in 2000 Jahren, dass sich ein Papst zu einem Fussballspiel zu Wort meldete. Welcher Mannschaft Benedikt XVI. die Daumen hält, wird nicht bekanntgegeben.

Der Vatikan hat seit 1972 eine eigene, vatikanische Fussballliga. Die Mannschaften rekrutieren sich aus den Verwaltungsabteilungen des Vatikans (den Museen, des Radios oder der Post). Die Spiele finden im römischen Aussenbezirk Primavalle statt, da im Vatikan kein Platz für ein Fussballfeld vorhanden ist. Die Mannschaften treten auf einem Kleinfeld mit vier Feldspielern und einem Goalie gegeneinander an. Mehr Spieler können die Mannschaften nicht rekrutieren.
Mit dabei an der Vatikanmeisterschaft ist auch der FC Guardia, die Fussballmannschaft der päpstlichen Schweizergarde. Zu einem Meistertitel hat es noch nie gereicht, wohl wegen etlicher Forfaitniederlagen. Auf der Internetseite der Garde steht: «Der Dienst hat immer Vorrang, darum kommt es vor, dass Spiele abgesagt werden müssen.»

Der fussballbegeisterte Kardinal Tarcisio Bertone hatte die Wahl Joseph Ratzingers zum Papst so kommentiert: «Die Kirche hat ihren Beckenbauer gefunden.»

Die Schweizer Blasphemiker beten (in Anlehnung an das deutsche «Klose unser»):

«Alex unser im Strafraum,
Gewürdigt werde Dein Einsatz.
Dein Pass komme.
Dein Tor falle, wie in Dortmund so in Basel.
Unser spieltägliches Tor gib uns heute.
Und vergib uns unseren Gesang,
Wie auch wir vergeben unsern Schiedsrichtern.
Und führe uns nicht ins Abseits,
Sondern erlöse uns von den Deutschen.
Denn Dein ist der Ball und das Tor und die Torgefährlichkeit in Ewigkeit.
Amen.»

Eure fromme Seele ahnt

Sieben Fragen an Maya Graf, Nationalrätin der Grünen aus dem Kanton Baselland, Mitspielerin im FC Nationalrat:

Singen Sie mit, wenn vor dem Match der Schweizerpsalm ertönt?
Maya Graf: Ja, aber nur zusammen mit meiner Tochter, die den Text in der Schule gelernt hat und gerne singt!

Was bedeutet für Sie die Liedzeile «Eure fromme Seele ahnt»?
Unsere schweizerische Nationalhymne war und ist ein Psalm und hat daher eine religiöse Ausdrucksweise. Deshalb ist sie dem heutigen Schweizer Alltag ziemlich fern.

Muss jemand Fussball spielen können, um im FC Nationalrat mitzuspielen?
Wichtig sind Teamgeist, Fairness, Kondition und Spielübersicht auf dem Fussballfeld, was durchaus auch gute Eigenschaften auf dem weiten Feld der Politik wären...

Wer ist Ihr Fussballidol?
Ich habe keine Idole, jedes sogenannte Idol ist auch nur ein Mensch, und das ist richtig so.

Kunst- oder Naturrasen?
Natürlich Naturrasen, schliesslich bin ich Grüne und Biobäuerin! Schade nur, dass der Naturrasen keine Ökowiese ist, die man auch heuen könnte...

Was stört Sie am Fussball?
Gewalt, Geld und Geltungssucht!

Wer wird Fussball-Europameister 2008?
Hoffentlich die Schweiz!

Wie weit wird es die Schweizer Fussball-Nationalmannschaft an der Euro 08 bringen?
Joseph Blatter, FIFA-Präsident, im November 2007 in der «Bilanz»: «Ich wünsche der Nationalmannschaft, dass sie die erste Runde übersteht. Dann sehen wir weiter.»

Auf die Frage der Zeitung «24 heures», was die grösste Enttäuschung («le flop suisse de l'année») in ihrem Präsidialjahr gewesen sei, antwortete Micheline Calmy-Rey, Bundespräsidentin 2007: «Das ist unsere Fussball-Nationalmannschaft. Sie beunruhigt mich. Es ist ja ganz nett, dass uns die Durchführung der Euro 08 übertragen wurde, aber dazu muss unsere Nati auf der Höhe ihrer Aufgabe sein. Ich hoffe, dass sie mich überraschen wird.»

In der Zeitung «Le Matin» konterte Nati-Assistenztrainer Michel Pont: «Wir werden ihr dieses Urteil verzeihen, denn es stammt von jemand, der keine Ahnung von Fussball hat.»

 Gemäss Intertops-Wettquoten (Stand 8. Dezember 2007) kann sich die Schweiz als drittes Team der Gruppe A nicht für den Viertelfinal qualifizieren:

Portugal 1:2,35
Tschechien 1:3,25
Schweiz 1:4,00
Türkei 1:7,00

Wer würde Europameister, wenn alle Spiele der Euro 08 unentschieden, zum Beispiel 0:0, enden würden? Auskunft gibt Artikel 7 des UEFA-Reglementes zur Fussball-Europameisterschaft.

Nach den Gruppenspielen: Wenn zwei oder mehr Mannschaften nach Abschluss aller Gruppenspiele die gleiche Anzahl Punkte aufweisen, wird die Plazierung nach folgenden Kriterien ermittelt:
A) Punktzahl aus direkten Begegnungen.
B) Tordifferenz aus den direkten Begegnungen.
C) Anzahl erzielter Tore in den direkten Begegnungen (bei mehr als zwei punktgleichen Mannschaften).
D) Tordifferenz aus allen Gruppenspielen.
E) Anzahl erzielter Tore in allen Gruppenspielen.

Im angenommenen Fall führen diese Regeln zu keiner Entscheidung. So kommt das nächste Kriterium zum Zug:
F) Koeffizient aus dem Qualifikationswettbewerb um den FIFA-Weltpokal 2006 und für die UEFA-Fussball-Europameisterschaft 2008 (erzielte Punkte dividiert durch ausgetragene Spiele).

Hier würden wohl einige Länder, die sich nicht für die WM 2006 qualifizierten (z. B. Österreich), auf der Strecke bleiben. Für die andern mit demselben Koeffizienten wird das nächste Kriterium wirksam:
G) Fairplay-Verhalten der betreffenden Mannschaften (Endrunde).

Die Fairplay-Wertung an der Euro 08 setzt sich aus sechs verschiedenen Elementen zusammen, die ein UEFA-Delegierter bewertet:
Zahl der roten und gelben Karten, positives Spiel (offensiv, schnell, Torchancen, Tore), Respekt vor dem Gegner, Respekt vor dem Schiedrichter, Verhalten der Mannschaftsoffiziellen, Verhalten des Publikums.

Lässt sich auch durch die Fairplay-Wertung keine Entscheidung über die Rangfolge in den Gruppen herbeiführen (insbesondere bezüglich der Ränge 1 und 2, welche die Viertelfinalqualifikation bedeuten), kommt es zum Losentscheid.

Danach fällt die Entscheidung leichter, zumindest reglementarisch. Steht ein Spiel in einem Viertelfinal, Halbfinal oder Final nach der Verlängerung unentschieden, «wird der Sieger durch Torschüsse von der Strafstossmarke ermittelt». Ist nach je fünf Penaltys keine Entscheidung gefallen, wird das Elfmeterschiessen abwechslungsweise mit je einem Schuss pro Team weitergeführt, bis eine Entscheidung fällt.

Lucien Favre (24 Nationalmannschaftsspiele, 1 Tor, heute Trainer bei Hertha BSC Berlin): «Europameister? In Deutschland kann man das sagen, das ist klar. Aber für die Schweiz ist solch eine Erwartungshaltung unrealistisch.»

Nicht die Torjäger, nicht die Abwehrchefs, auch nicht die Nummern 10 sind die wahren Spielgestalter im Fussball, sondern die Schiedsrichter. Beträgt das Gefälle zwischen den Teams weniger als 10 bis 15 Prozent, kann der Halbgott in Schwarz jede Partie nach seinem Willen lenken. Nicht spektakulär und plump wie Skandalmann Robert Hoyzer oder Godi Dienst, der den Engländern 1966 das Wembley-Tor schenkte, oder andere, die Penaltys erfinden, korrekte Tore annullieren und Spieler ohne Grund vom Feld schicken. Nein, ganz subtil.
Der Referee, den es übrigens erst seit 1890 gibt (zuvor beurteilten zwei von den Mannschaften gestellte Umpires die Streitfälle), darf in jedem Spiel eine Vielzahl von Ermessensentscheiden fällen. Mit seinen Pfiffen (oder dem Verzicht auf solche) kann er einem Team Schwung geben, das andere bremsen, entnervt er die eine Equipe, baut er die andere auf, bestimmt er – ohne einen einzigen kleinen regeltechnischen Fehler zu machen – die Grunddynamik des Matchs. Die Tore fallen in der Regel von selbst – auf der gewünschten Seite.
Nicht alle Spielleiter sind korrupt, aber keiner kann neutral sein. Sobald der Ball rollt, wird jeder Mensch Partei. Auch der Schiri und seine Crew, die mittlerweile aus zwei Linienrichter (Assistenten) und einem vierten und (bei Endrunden) gar einem fünften Offiziellen besteht. Weltweit sind gegen 300 000 Schiedsrichter im Einsatz.
Seit 1970 dürfen sie gelbe und rote Karten zeigen.

Die Quoten des Online-Anbieters BetInternet vom 4. Januar 2007 für den Europameistertitel 2008:

Deutschland	1:7
Italien	1:8
England	1:8,5 (nicht qualifiziert)
Niederlande	1:8,5
Spanien	1:11
Portugal	1:19
Schweiz	1:21
Tschechien	1:26
Schweden	1:26
Kroatien	1:29
Türkei	1:41
Griechenland	1:41
Serbien	1:51 (nicht qualifiziert)
Österreich	1:51
Russland	1:51
Dänemark	1:67 (nicht qualifiziert)

Die Quoten des Wettanbieters Intertops für die Euro 08 (nach der Gruppenauslosung, Stand 8. Dezember 2007):

Deutschland	1:4
Italien	1:8
Spanien	1:8
Portugal	1:9
Frankreich	1:10
Kroatien	1:13
Nierderlande	1:14
Tschechien	1:14
Schweiz	1:21
Griechenland	1:26
Schweden	1:26
Russland	1:29
Türkei	1:34
Polen	1:41
Rumänien	1:41
Österreich	1:101

Zum Vergleich: Die Quoten des Wettanbieters Intertops für
die EM 2004 in Portugal unmittelbar vor Turnierbeginn:

	Wettquote	Resultat
Frankreich	1:4	Viertelfinalist
Italien	1:5	Vorrunde ausgeschieden
Portugal	1:7	Finalist
Spanien	1:7	Vorrunde ausgeschieden
Niederlande	1:8	Halbfinalist
England	1:10	Viertelfinalist
Tschechien	1:12	Halbfinalist
Deutschland	1:14	Vorrunde ausgeschieden
Schweden	1:25	Viertelfinalist
Dänemark	1:33	Viertelfinalist
Russland	1:50	Vorrunde ausgeschieden
Griechenland	1:50	Europameister
Kroatien	1:66	Vorrunde ausgeschieden
Bulgarien	1:66	Vorrunde ausgeschieden
Schweiz	1:100	Vorrunde ausgeschieden
Lettland	1:500	Vorrunde ausgeschieden

Johann Neeskens, holländischer Torschütze im (verlorenen) WM-Final von 1974 gegen Deutschland, später relativ erfolgloser Trainer in unteren Ligen der Schweiz (FC Baar, FC Zug und FC Stäfa) und heute Assistenztrainer beim FC Barcelona, sagte nach dem Testspiel der Schweiz gegen die Niederlande (2:1 für die Kuhn-Elf): «Die Schweiz hat Chancen, Europameister zu werden.»

Ludovic Magnin vor der WM-Endrunde 2006 in Deutschland auf die Frage, wer Weltmeister werde: «Italien.»
Ludovic Magnin am 23. November 2007 in den «Stuttgarter Nachrichten» auf die Frage, wer Europameister 2008 werde:
«Wir wissen, dass es nicht einfach wird. Aber wir wollen als Gastgeber natürlich den Titel gewinnen.»
Als weitere Titelfavoriten sieht Magnin Deutschland, Frankreich, Italien.

Melanie Winiger, Ex-Miss-Schweiz, Schauspielerin und Moderatorin der Euro-08-Endrundenauslosung in Luzern am 2. Dezember 2007: «Ich erwarte den Titel für die Schweiz. Was Griechenland 2004 geschafft hat, ist auch für uns möglich.»

Martin Kallen, Cheforganisator der UEFA für die Euro 08, Schweizer und YB-Fan, dessen Lieblingssport Tennis ist, in der «SonntagsZeitung» vom 2. Dezember 2007: «Ich glaube, die Deutschen werden Europameister.»

Der Berner CVP-Nationalrat Norbert Hochreutener tippte vor einem Jahr: «Frankreich. Wir Schweizer sind leider zu wenig in Form.» Der frühere Fernsehmann Hochreutener schrieb auf die Euro 08 hin einen Fussball-Krimi («Dubach sieht rot»). In Ichform deckt darin Reporter Dubach (alias Hochreutener) dunkle Machenschaften im Fussball auf. Gleichzeitig beklagt Journalist Dubach/Hochreutener den «Niedergang des Fernsehens», denn «nur die Quote zählt». Hochreutener selbst war in den neunziger Jahren Chefredaktor des gescheiterten staatlichen Senders S Plus, der als Alternative zum Staatssender SF 1 aufgebaut worden war. Fussballerisch ist Hochreutener, der den parlamentarischen Beirat zur Euro 08 präsidiert, mit der Forderung in Erscheinung getreten, das Stürmen des Spielfelds als Straftatbestand zu bezeichnen – «mit angemessener Strafandrohung». Der Tatbestand sei so auszugestalten, dass das Stürmen des Spielfelds an sich strafbar sei und nicht irgendwelche andere Handlungen oder Vorsätze erforderlich seien.

Der strenge Logiker und Philosoph Ludwig Wittgenstein (1889–1951) forderte Eindeutigkeit und Klarheit im Denken und im Ausdruck: «Worüber man nicht sprechen kann, darüber muss man schweigen.» Würde die Welt sich an dieses Gebot halten, gäbe es keine Zeitungen, kein Radio, kein Fernsehen, keine Wetterprognosen – und vor allem gar keine Gespräche über den Fussball und keine einzige Vorhersage. Das schönste der Spiele entzieht sich jeder Erklärung und Analyse.
Das erkennt man daran, dass niemand, auch kein Experte, zwei Spielzüge, geschweige denn ein Resultat vorhersagen kann. Der Schaffhauser Trainer Jürgen Seeberger, der sich beruflich mit nichts anderem als mit Fussball befasst, lag im TV-Studio mit seinen Tips und Bemerkungen zu acht Spielen der Champions League siebenmal falsch. Ähnliche Quoten erreichen Gilbert Gress, Andy Egli und andere TV-Dauergäste.

Jedes Fussballspiel wird von Millionen von Faktoren und Zufällen beeinflusst (Spieler, Schiedsrichter, Regen, Ausrutscher, Formstand, Wind, Launen, Rasen, Verletzungen, Trainer, Auswechslungen, Ballbuben etc.). Die Menschen schaffen es zwar, auf dem Mond oder Mars zu landen, aber wie ein Match effektiv bis zur 90. oder 96. Minute verlaufen wird, bleibt ein ewiges Geheimnis.

Der Internetdienst fussballvorhersage.de berechnet seit Jahren aufgrund zahlreicher bekannter Faktoren (Ranglistenposition, Heimvorteil, Gewinn-/Niederlagenserien etc.) den voraussichtlichen Spielausgang. Das Fazit ist ernüchternd: «Der Zufall bleibt das überwiegende Element bei Fussballergebnissen.» Der Ratschlag der Mathematikprofis der Internetplattform ist ebenso klar: «Fussballwetten sind ein Glücksspiel. Auf Dauer gewinnt Ihr Buchmacher.»

Von 64 Spielen der Fussball-WM 2006 wurde nur 39-mal der richtige Sieger (bzw. Unentschieden) vorhergesehen, das sind 61 Prozent. Das exakte Resultat konnte 9-mal prognostiziert werden (14%). Dieser Wert ist relativ hoch, da an der WM in Deutschland nur wenige überraschende Resultate zu verzeichnen waren. An der Europameisterschaft 2004 mit Überraschungssieger Griechenland konnten die Mathematiker für weniger als die Hälfte der Spiele (48%) den Sieger richtig voraussagen. Und gar nur für ein einziges Spiel (3,2%) wurde das richtige Resultat prognostiziert. Gemäss langjährigen Vergleichen können aufgrund bekannter Faktoren rund 50 Prozent der Spiele in der Tendenz (Sieg, Unentschieden, Niederlage) vorausgesagt werden. Das genaue Resultat wird im Durchschnitt nur jedes zehnte Mal genau getippt. Fussball ist Zufall.

Rot gewinnt: 2005 publizierten Russel Hill und Robert Barton von der University of Durham (England) im renommierten Wissenschaftsmagazin «Nature» (Bd. 435, S. 293) eine Studie über die Tenuefarbe Rot bei Mannschaftssportarten. Die Ergebnisse «legen nahe, dass das Tragen der Farbe Rot in Mannschaftssportarten einen Vorteil bringen kann». Ursprünglich hatten Hill und Barton die Resultate von mehreren Kampfsportveranstaltungen bei den Olympischen Spielen im Jahr 2004 untersucht und festgestellt: Die Farbe der Sieger ist Rot. Die olympischen Regeln im Boxen, Taekwondo und Ringen lieferten den Anthropologen einen perfekten Datensatz, da den Kämpfern stets die Farbe, Rot oder Blau, zugelost wird. Wenn die Farbe keinen Effekt auf das Ergebnis von Wettkämpfen hat, dürfte die Zahl der Gewinner in Rot statistisch nicht von der Zahl der Gewinner in Blau unterscheidbar sein. Das war jedoch nicht der Fall: In zwei Drittel aller untersuchten Gewichtsklassen gewannen mehr Träger roter als solche blauer Trikots. Allerdings wirkte die Farbe sich nur bei knappen Entscheidungen aus: «Rot zu tragen kann einen Kampf nur dann zum Kippen bringen, wenn andere Faktoren ziemlich gleichmässig verteilt sind», schreiben die Forscher.
Angespornt von ihrem Forschungsresultat, warfen Hill und Barton einen farbigen Blick auf die Ergebnisse der Fussball-Europameisterschaft 2004. Auch diese vorläufige Analyse ergab: Wer Rot trägt, gewinnt häufiger. Warum das so ist, können die beiden Anthropologen noch nicht erklären. Sie sprechen von Einflüssen der Farbe auf «Stimmungen, Emotionen und zum Ausdruck gebrachte Aggression». Bei vielen Tierarten sei Rot eine vom Geschlechtshormon Testosteron abhängige Signalfarbe männlicher Qualitäten, die Dominanz signalisiere. All das könne «wichtige Implikationen» für Regelungen zum Tragen von Sportkleidung haben, regen die Forscher in «Nature» an. Heisst das Verbot für Rot?
Bei der Fussball-Europameisterschaft 2004 haben die Mannschaften in Rot mehr Spiele gewonnen. Berücksichtigt man die Spielstärke der Mannschaften, zeigt die Hill-Barton-Analyse, dass Kroatien, die Tschechische

Republik, England, Lettland und Spanien durchschnittlich 0,97 Tore mehr erzielt haben, wenn sie in roten (und nicht in andersfarbigen) Tenues gespielt haben. Jede Mannschaft hat im Turnier zwei Trikotfarben. Europameister wurden allerdings die in Blau und Weiss spielenden Griechen. Die Schweiz hat trotz roter Trikots noch nie ein EM-Endrundenspiel gewonnen.

Der deutsche Farbenpsychologe Harald Braem sähe die Schweizer Nati lieber in Blau (mit rot-weissem Kreuz auf der linken Brustseite): «Blau zieht zusammen, macht aus Einzelspielern ein Team.» Schliesslich seien die Europameister 2004 und beide WM-Finalisten 2006 in Blau angetreten.

In der Fussball-Nati wurde und wird deutsch, französisch, italienisch, türkisch, albanisch, serbisch oder auch spanisch, nicht aber rätoromanisch gesprochen. Die rätoromanische Ethnie hat in der über 100-jährigen Geschichte des Schweizerischen Fussballverbands noch nie ein Mitglied des Nationalteams (gemäss Rumantsch grischun: squadra naziunala svizra da ballape) stellen können. Erni Maissen, der 1977 bis 1988 insgesamt 26-mal in der Nati spielte, hat zwar rätoromanische Vorfahren aus der Surselva, galt jedoch stets als echter und des Rätoromanischen unkundiger Basler Bebbi. Genau gleich verhält es sich mit Otto Demarmels (16 Einsätze zwischen 1972 und 1977), der Nachfahre einer der wenigen nicht ausgestorbenen alten rätischen Adelsfamilien (die Herren von Marmels) ist, heute aber als waschechter Basler gilt.

Der einzige Rätoromane mit Fussballerfüssen, Renzo Blumenthal aus Vella, beendete seine Kickerkarriere beim FC St. Gallen, bevor sie begonnen hatte, und wurde Mister Schweiz 2005 und Promi-Biobauer in der Surselva.

Die Bündner Gemeinde Felsberg, aus der Bundesrätin Eveline Widmer-Schlumpf stammt, ist wohl die grösste Schweizer Gemeinde (2080 Einwohner) ohne eigenen Fussballverein.

Die Titel der Fussballerbücher verwenden in der Regel die Ichform. Eine interessante Abweichung von diesem Ego-Brauch bietet das Werk von (oder mit) Raimondo Ponte «Auf dem Weg nach Mexiko». Die Schweizer Fussballer sind dort nämlich gar nie angekommen (WM-Endrunde von 1986, Weltmeister Argentinien, Zweiter Deutschland, Schweiz in der Qualifikation an Russland und Dänemark gescheitert).

Franz Beckenbauer, 1975   «Einer wie ich»
Franz Beckenbauer, 1978   «Meine Gegner – meine Freunde»
Franz Beckenbauer, 1992   «Ich – Wie es wirklich war»

Fritz Walter, 1958	«So war es»
Paul Breitner, 1980	«Ich will kein Vorbild sein»
Stefan Effenberg, 2003	«Ich hab's allen gezeigt»
Pelé, 1963	«Ich bin Pelé»
Pelé, 2006	«Mein Leben»
David Beckham, 2004	«Mein Leben»
Diego A. Maradona, 2005	«Mein Leben»
Herbert Prohaska, 2005	«Mein Leben»
Lothar Matthäus, 1997	«Mein Tagebuch»
Birgit Prinz, 2006	«Das ist mein Spiel»
Pierluigi Collina, 2003	«Meine Regeln des Spiels»
Oliver Kahn, 2005	«Nummer eins»
Zinédine Zidane, 2005	«Der mit dem Ball tanzt»
Frank Lampard, 2006	«Totally Frank»
Paul Gascoigne, 2006	«Being Gazza»
Günter Netzer, 2005	«Aus der Tiefe des Raumes»
Mario Basler, 2005	«Super-Mario»

Die Schweizer Fussballer, die ihre Leistungen in einem Buch darzustellen wagten:

«Seppe» Hügi, 1961	«Ein Fussballer erzählt …»
Severino Minelli, 1968	«Meine 14 Jahre bei der Schweizer Fussball-Nationalelf»
Daniel Jeandupeux, 1977	«Le Foot, ma vie»
Roger Quinche, 1962	«Unser Weg nach Chile»
Raimondo Ponte, 1985	«Auf dem Weg nach Mexiko»
Urs Meier, 2006	«Mein wildes Schiri-Leben»

Schweizer Fussballer, die mit einer Biografie gewürdigt wurden:

J.-P. Ackermann, 1971	«Karli, Karli, Karli. Die Karl Odermatt Story»
René Matti, 2002	«Karli, none Gool!»
Georg Heitz und Michael Martin, 2004	«Die Yakins»
Jacques Ducret, 2004	«La Suisse de Köbi Kuhn»
Peter Birrer und Albert Staudenmann, 2006	«Köbi Kuhn»
Philippe Dubath, 2007	«Stéphane Chapuisat. Eine Geschichte»

Ein Schweizer Nati-Spieler wurde gar als Romanfigur verewigt: Der gebürtige Russe und später Eingebürgerte Eugène Walaschek. Im Buch «Il sogno di Walaschek» (Walascheks Traum) des Tessiner Schriftstellers Giovanni Orelli von 1991.

Roger Quinche, der Anfang der fünfziger Jahre elf Länderspieleinsätze hatte (unter anderem beim legendären 2:2 in Porto Alegre gegen Gastgeber Brasilien bei der WM-Endrunde 1950), schrieb später mehrere Fussball-Lehrbücher: zum Beispiel «Fussball in der Schule», «Schuss–Goal!» oder «Wir spielen Fussball: Kleiner Lehrgang für Schüler». Ebenso Walter Weiler, der 1926–1942 auf 25 Länderspiele kam: «Fussball-Lehrgang für die Jugend».

Werden die beiden Schweizer Nati-Spieler David und Philipp Degen für die EM-Endrunde 2008 nominiert (und im Gegensatz zur WM 2006 auch beide auf dem Feld eingesetzt), werden sie nicht die ersten Zwillingsbrüder sein, die an einem grossen Turnier eingesetzt wurden. 2002 spielten bei Polen Marcin und Michal Zewlakow, 1994 und 1998 Ronald und Frank de Boer im niederländischen Team, 1990 Eissa und Ibrahim Meir Abdulrahman (Vereinigte Arabische Emirate), ebenfalls 1990 Ibrahim und Hossam Hassam (Ägypten), 1982 Zoran und Zlatko Vujovic (Jugoslawien) und 1974 und 1978 René und Willy van de Kerkhof (Niederlande).

Der unabhängige Untersuchungsbericht von alt Regierungsrat Ulrich Fässler (FDP, LU) im Auftrag des Schweizerischen Fussballverbandes zur Spuckaffäre empfahl am 31. August 2004:
«Die grossen bevorstehenden Aufgaben des Fussballverbandes, insbesondere die Vorbereitung von Euro 2008 – gemeinsam mit Österreich – erfordern eine hohe Professionalität, Dynamik und eine konstante Leistung des Zentralvorstandes des SFV. Dieser hat in seiner heutigen Zusammensetzung ein Durchschnittsalter von über 65 Jahren. Zur Sicherstellung der Kontinuität und einer dauernd hohen Leistungsfähigkeit ist es sinnvoll, den Zentralvorstand in der nächsten Zeit mit jüngeren Kräften zu ergänzen und dabei Erfahrung sowie Know-how bestmöglich in die neue Vorstandszusammensetzung zu übertragen.»
In der Zwischenzeit ist das Durchschnittsalter gegen 70 Jahre gerutscht. Am 26. Februar 2005 wurde die Einführung einer Alterslimite für das Zentralkomitee von der Delegiertenversammlung des SFV mit 66 Nein zu 26 Ja klar abgelehnt. Präsident Ralph Zloczower wurde im Februar 2007, kurz vor seinem 74. Geburtstag, für eine weitere Amtsperiode gewählt. Einen Gegenkandidaten gab es nicht.

Am 26. Januar 2007 hatte der UEFA-Kongress in einer Kampfwahl zwischen Amtsinhaber Lennart Johansson (76) und Herausforderer Michel

Platini (51) das Präsidium der Europäischen Fussball-Union neu zu bestellen. «Die Schweiz kann mit beiden Kandidaten leben», sagte im Vorfeld der Präsident des Schweizer Fussballverbandes, Ralph Zloczower (73), «viel wichtiger für uns ist die Wiederwahl von Giangiorgio Spiess als Mitglied des UEFA-Exekutivkomitees.» Spiess, 73-jährig und gemäss eigenen Angaben «schon mit dem Fussball in der Wiege auf die Welt gekommen», wurde von den UEFA-Delegierten abgewählt.

Ein Schweizer schoss das erste Eigengoal der WM-Geschichte. Am 9. Juni 1938 lenkte der Schweizer Verteidiger Ernst Lörtscher im Achtelfinal-Wiederholungsspiel gegen Deutschland den Ball zum 0:1 ins eigene Tor. Trotz des Eigentors gewann die Schweiz das denkwürdige Spiel in Paris nach einem 0:2-Rückstand mit 4:2 – einer der grössten Erfolge des Schweizer Fussballs überhaupt. Lörtscher blieb bis heute der einzige Eigentorschütze der Schweiz an einem WM-, EM- oder Olympiaturnier.

Ein Schweizer schoss das wohl schnellste Eigentor der Geschichte der Bundesliga. Ludovic Magnin, Linksverteidiger beim VfB Stuttgart, traf am 27. Januar 2007 ins eigene Tor, nachdem er 46 Sekunden zuvor eingewechselt worden war. Die spätere Meistermannschaft Stuttgart verlor das Spiel mit 1:4 Toren.

Franz Beckenbauer hat in der Bundesliga in 424 Spielen vier Eigentore geschossen. Ihm gelang sogar die Peinlichkeit, in seinem Abschiedsspiel am 1. Juni 1982 (Hamburger SV gegen die deutsche Nationalmannschaft) den Ball ins eigene Tor zu schiessen. Rekord-Eigentorschütze der deutschen Bundesliga ist Manfred («Manni») Kaltz, der von 1971 bis 1991 beim Hamburger SV spielte und dabei in 581 Bundesligaspielen 6 Eigentore erzielte.

Der belgische Fussballprofi Stan van den Buijs wäre in Vergessenheit geraten, wenn er nicht das (offenbar) unfreiwillige Kunststück fertiggebracht hätte, im selben Spiel drei Eigentore zu schiessen. Gelungen ist ihm dies in der Saison 1995/96 in der höchsten belgischen Liga («Jupiler League») im Spiel seiner Mannschaft Germinal Ekeren gegen Anderlecht; Germinal Ekeren verlor 2:3.

Der 27. April 2003 war der Tag des Aarauer Torhüters Massimo Colomba. Sein Auskick in der 30. Minute sprang rund 20 Meter vor dem gegnerischen Tor auf dem nassen Boden auf und hob sich, vom Wind getragen, über Stefano Razzetti, den Goalie des FC St. Gallen. Razzetti konnte nur noch zuschauen, wie der Ball sich ein paar Meter hinter ihm ins Tor senkte. Aarau gewann 1:0. Nach dem Spiel meinte Torschütze Colomba: «Hätte ich gewusst, welchen Medienrummel mein Treffer auslösen würde, hätte ich den Ball neben das Tor geschossen.» St. Gallens Razzetti sagte: «Als der Ball vor meinem Tor aufsetzte, war ich sicher, dass er flach wegspringen würde. Da konnte doch einfach nichts passieren. Es war mein Fehler.»

Schon viereinhalb Jahre zuvor, am 4. Dezember 1988, war dem Torhüter des FC Sion und späteren Nati-Keeper Marco Pascolo an selber Stelle im Aarauer Brügglifeld das gleiche Kunststück gelungen. Mit einem Auskick übertölpelte er den Aarauer Goalie Roberto Böckli. Böcklis Trost: Aarau gewann trotzdem 4:1 gegen Sion.

Zu den Auskick-Torschützen zählt seit dem 18. März 2007 auch der englische Nationalgoalie Paul Robinson. Er erzielte in der 63. Minute das 2:0 für Tottenham im Premier-League-Spiel gegen Watford aus 80 Metern. Der unglückliche Watford-Goalie Ben Foster war damals hinter Robinson die Nummer 2 im englischen Nationalteam. «Als wir nach dem Spiel den Platz verliessen, sagte ich zu Robinson: ‹Ausgerechnet du musstest ein solches Tor gegen mich schiessen.›», sagte Foster danach und meinte: «Wir verstehen uns sehr gut, und ich schätze es sehr, dass er nicht rumgerannt ist und übermässig gejubelt hat. Das zeigt mir seinen Respekt. Er sagte mir nach dem Spiel sogar, dass es ihm leid tue.»

Der Eckball gehörte schon in den Anfangszeiten des modernen Fussballs zum Regelwerk (erstmals im Sheffield Code von 1866 erwähnt). Seit 1926 darf direkt mit einem Eckball ein Tor erzielt werden, was aber sehr selten gelingt. Der Schweizer Nati-Spieler Hakan Yakin gehört zu jenen Spielern, die auch schon einen Eckball direkt ins Tor geschossen haben, zum Beispiel am 10. August 2002 mit dem FC Basel zum 2:0 in der 18. Minute gegen den FC Zürich. Auch Mario Basler («Ich bin wieder derjenige, der wo alles ausbaden muss.») gelangen in seiner Bundesligakarriere mehrere direkte Eckballtore.

Kein Eckballkünstler war so erfolgreich wie die nordirische Legende Charlie Tully (1924–1971), die in den fünfziger Jahren bei Celtic Glasgow spielte. Er erzielte in seiner Karriere nicht weniger als elf direkte Eckballtore. Das bemerkenswerteste schoss er 1953 im schottischen Cup gegen Falkirk. Er legte sich den Ball zurecht und schoss ihn mit Effet direkt ins Tor. Doch der Schiedsrichter anerkannte das Tor nicht, weil Tully den Ball ein paar Zentimeter ausserhalb des Corner-Viertelkreises plaziert hatte. Tully wiederholte den Eckball und zirkelte ihn erneut ins Tor. Diesmal zählte der Treffer.

Gott im hehren Vaterland

Sieben Fragen an den früheren Spitzenspieler (U-21-Nati sowie FC Zürich) und heutigen Mitinitianten von «Kickoff2008», Marcel Stoob:

Haben Sie als Mitglied der U-21-Nationalmannschaft die Landeshymne jeweils mitgesungen?
Marcel Stoob: Die erste Strophe habe ich mitgesungen, die restlichen kannte ich nicht.

Was sagt Ihnen die Schweizerpsalm-Zeile «Gott im hehren Vaterland»?
Dass Gott die Geschichte unseres Vaterlandes leitet; dass wir zum Land unserer Väter Sorge tragen sollen.

Was verbindet den Fussball mit der Religion?
In beiden Bereichen geht es um Emotionen und auch darum, immer wieder einen Weg zu finden.

Verstehen Sie sich mit Ihrer Aktion «Kickoff2008» als moderner Menschenfischer?
Im Sinne von die Angel auswerfen und das Evangelium den Menschen vorstellen – ja.

Beten Sie für einen Schweizer Sieg?
Ich bete, dass jeder Beteiligte der Schweizer Mannschaft das Bestmögliche umsetzen kann.

Ist Gott ein Fussballfan?
Gott ist ein Menschenfan – und der Fussball wird von Menschen gespielt.

Wer wird Europameister 08?
Final Schweiz – Deutschland 2:1

Die alternative Bezeichnung für den abgegriffenen Begriff Fussballgott hat die «Weltwoche» ersonnen, als sie vor der WM-Endrunde 2006 Barcelonas Superstar Lionel Messi porträtierte. Titel: «Ballmächtiger».

Die «Iglesia Maradoniana» wurde 1998 gegründet und orientiert sich in allen Riten am früheren argentinischen Mittelfeldspieler Diego Armando Maradona. Während die normalen Christen am 1. Januar das neue Jahr nach Christus (n. Chr.) feiern, läuten die Maradonianer an jedem 30. Oktober das neue Jahr «D.D.» ein – was heisst: «Después de Diego» (nach Diego). Am 30. Oktober 1960 wurde der ehemalige Star der Boca Juniors und der SSC Neapel geboren.

Im Oktober 2007 haben zwei mexikanische Paare sich im Kultraum der maradonianischen Kirche in Buenos Aires das Jawort gegeben. Sicherheitshalber heirateten sie nach dem feierlichen Eheversprechen vor dem Altar des Fussballgotts später in Mexiko noch standesamtlich und katholisch.

Gerüchte, wonach die Mehrheit der Fussballer mit Rückenschäden vom Militärdienst dispensiert sei, veranlassten den Schweizer Fussballverband, 1914 an der Landesausstellung darzulegen, dass 96 Prozent aller Aktivspieler der obersten Serie A diensttauglich seien.

Ludovic Magnin hat im Jahr 2000 eine Sanitäts-RS am Ceneri absolviert: «Ich war Bürolist und erhielt grosszügig Urlaub für Trainings und Spiele.»

Kubilay Türkyilmaz hat eine RS absolviert.

Pascal Zuberbühler ist Füsilier.

Tranquillo Barnetta: «Da ich im Ausland arbeite, wurde ich noch nicht ausgehoben. Wenn ich in die Schweiz zurückkehre, muss ich aber die RS nachholen; da gibt es für uns keine Ausnahme.»

Ricardo Cabanas absolvierte 2001 die Spitzensportler-RS als Füsilier, neun Wochen militärische Ausbildung in Birmensdorf, sechs Wochen Sport in Magglingen: «Ausser wenig Schlaf hat die militärische Ausbildung nichts gebracht. Im Ernstfall wäre ich ein schlechter Soldat.»

Ciriaco Sforza absolvierte die Rekrutenschule 1990: «Die RS ist für jeden machbar.»

Radsportlegende Ferdi Kübler leistete 900 Tage Aktivdienst und gewann in dieser Zeit (1942) seine erste Tour de Suisse: «Schade, dass Roger Federer kein Militär macht.»

Stéphane Henchoz wurde zwar ausgehoben, wechselte aber schon 20-jährig ins Ausland und musste nie ins Militär: «Das Schweizer Militär ist ganz einfach mit dem heutigen Spitzensport nicht kompatibel.»

Stephan Lichtsteiner ist Angehöriger des Zivildienstes, ist allerdings froh, dass er nicht Dienst leisten muss, weil er im Ausland lebt.

Peter Bodenmann, Ex-Präsident der Sozialdemokratischen Partei (SP) und Hotelier in Brig, sagte 2003 zur «Weltwoche»: «Ich wurde 1969 zusammen mit Erich Burgener bei der Aushebung militärmedizinisch genauer untersucht. Ich musste in die RS, während der nachmalige Torhüter der Nationalmannschaft wegen eines Rückenleidens nicht einrücken durfte.»

Interview der «SonntagsZeitung» mit Blerim Dzemaili (27. Mai 2007):

Als Schweizer müssen Sie auch Militärdienst leisten?

Blerim Dzemaili: Nein, ich wurde für untauglich erklärt. Ich muss in den Zivilschutz.

Woran leiden Sie denn? Dazu möchte ich nichts sagen.

Untauglich? Bei einem Spitzensportler ist das erstaunlich.

Die Gründe lagen eher im psychischen Bereich.

Sie waren mit 20 Captain des FCZ. Da könnte man meinen, dass Sie psychisch stark sind...

Sagen wir es so: Ich bin froh, dass ich nicht ins Militär muss.

Daniel Jeandupeux (35 Länderspiele als Spieler 1969–1977, 28 Länderspiele als Trainer 1986–1989) wurde Anfang der siebziger Jahre vom Divisionsgericht zu 30 Tagen Gefängnis bedingt verurteilt, weil er sich geweigert hatte, nach der Rekrutenschule in die Unteroffiziersschule einzurücken. Zermürbt von seinem Kampf gegen die Militärjustiz, absolvierte er dann die Unteroffiziersschule doch noch. In seiner Autobiographie «Foot, ma vie» schrieb er später: «Wenn man weiss, dass eine internationale Karriere im Maximum zehn Jahre dauert, versteht man leicht, wie schmerzlich es ist, zwei von zehn Jahren dem Vaterland zu schenken.» Das Fazit des linken Stürmers, der später bei Girondins Bordeaux international Karriere machte und dort als Auslandschweizer auch vom Militärdienst dispensiert war: «Soldat Jeandupeux verteidigt sein Land besser mit dem Ball am Fuss als mit einem Gewehr in der Hand.»

Boris Smiljanic absolvierte 1996 die Sportler-RS in Birmensdorf, zusammen mit Johann Vogel, Bruno Berner und Bernt Haas. Im «Sportmagazin» erinnert Mama Smiljanic sich: «Jeden Morgen holte sie der Mannschaftsbus ab und brachte sie ins GC-Training.»

Wie schnell ist ein Fussball? So schnell wie der Fuss, der ihn trifft, könnte man meinen. Falsch. Der englische Physiker und Fussballfan John Wesson hat die Frage in einem Buch beantwortet. Titel: «Fussball – Wissenschaft mit Kick». Theoretisch erklärt, bilden Fuss und Ball beim Schuss ein mechanisches System, in dem die Bewegungsenergie gleich bleibt. Wenn Ball und Fuss aufeinandertreffen, prallen auch ihre Impulse aufeinander. Der Impuls ist bekanntlich das Produkt aus Geschwindigkeit und Masse. Was bedeutet: Je schwerer und schneller der Fuss und je leichter der Ball, desto schärfer ist der Schuss. Ginge es nur um die Geschwindigkeit des Torschusses, so wäre es sinnvoll, vor dem Penaltyschiessen den superleichten Fussballschuh gegen einen schweren Berg- oder Militärschuh zu tauschen.

Allerdings spielt auch die Fussstellung eine Rolle, sagt der Physiker und kommt zu einem Schluss, der Fussballexperten die Nase rümpfen lässt: Physikalisch am meisten Kraft vom Fuss auf den Ball übertragen lässt sich mit einem Spitzkick, also mit dem Treffen des Balls mit der Schuhspitze. Diese Schussart ist zwar verpönt und gilt gar als tölpelhaft, ist aber wirkungsvoll, weil die Kraft des durchgestreckten Schussbeines über eine viel kleinere Fläche als zum Beispiel beim Spannschuss auf den Ball übertragen wird. Zudem ist der Schuss mit der Schuhspitze elastischer, wodurch ein grösserer Impuls im Ball erzeugt wird – er erhält mehr Wucht. Nur: Mit der Schuhspitze sind zielgenaue Schüsse schwieriger als mit dem Voll-, Innen- oder Aussenrist.

Die schnellsten Schüsse entstehen, wenn der Spieler ungehindert agieren kann, etwa bei Penaltys. So waren die zwölf Schüsse, die beim Penaltyschiessen zwischen Deutschland und England während der EM 1996 Richtung Tor flogen, durchschnittlich 110 km/h schnell. Den härtesten Schuss feuerte Andreas Möller mit 130 km/h ab.

Noch schneller als Schüsse aus stehenden Bällen sind gut getroffene Schüsse des sich bereits bewegenden Balls, vor allem bei einem Dropkick, wie die Physik beweist: Trifft der Spieler den Ball genau in dem Moment, wenn dieser vom Boden abgehoben hat, kann er die maximale Rückprallgeschwindigkeit ausnützen. Die noch wenig gebremste Kraft des abspringenden Balls fügt sich zur Kraft hinzu, mit der der Ball gekickt wird. Dass der Ball dabei umgelenkt wird, ändert an dieser Kräfteaddition nur wenig.

Auch bei anderen Scharfschüssen wird die Energie des bereits bewegten Balls ausgenutzt. So kann ein Spieler auch einen Fussball, der direkt auf ihn zukommt, bei gleichem Krafteinsatz stärker beschleunigen als einen ruhenden. Der Schuss wird umso härter, je schneller das runde Leder war. Rein rechnerisch bewegt ein Ball, der mit 60 km/h auf den Spieler zukommt und direkt mit der gleichen Kraft zurückgeschossen wird, sich mit 120 km/h weg. Faktisch ist er allerdings etwas langsamer, weil der Stoss nicht völlig elastisch ist. Der Fuss wird beim Schuss etwas abgebremst; zudem geht durch die Reibungswärme und die mechanische Verformung von Ball und Fuss Energie verloren, sagt der Physiker.

 Ein offizieller Geschwindigkeitsrekord für Fussballschüsse existiert nicht. Der englische Sender Sky Sports hat mit einer Messmethode im Zeitlupenmodus einige besonders harte Torschüsse berechnet, woraus die Zeitung «Guardian» Anfang 2007 eine inoffizielle Rangliste erstellt hat. «Bedauernswerweise», so die Zeitung, wird die Geschwindigkeit der meisten Torschüsse im Fussball nicht aufgezeichnet, weshalb in diesem Ranking viele der härtesten Balltreter gar nicht auftauchen:

1) David Hirst – 183 km/h
   Sheffield Wednesday – Arsenal, 16. September 1996
2) David Beckham – 157 km/h
   Manchester United – Chelsea, 22. Februar 1997
3) David Trézéguet – 154,5 km/h
   Monaco – Manchester United, 19. März 1998
4) Richie Humphreys – 154,3 km/h
   Sheffield Wednesday – Aston Villa, 17. August 1996

5) Matt Le Tissier – 139 km/h
   Southampton – Newcastle, 18. Januar 1997
6) Alan Shearer – 138 km/h
   Newcastle – Leicester, 2. Februar 1997
7) Roberto Carlos – 137 km/h
   Brasilien – Frankreich, 3. Juni 1997
8) Tugay – 135,5 km/h
   Blackburn – Southampton, 3. November 2001
9) Obafemi Martins – 135,1 km/h
   Newcastle – Tottenham, 14. Januar 2007
10) David Beckham – 129 km/h
    Manchester United – Derby County, 4. September 1996

Zum Vergleich: Bei der Roadshow des Schweizer Fussballverbands im Vorfeld der Euro 08 («Switzerland. Play Football») schoss Nati-Captain Alex Frei auf der Torschussanlage den Referenzwert von 121 km/h. Ein Hobbyfussballer schaffte in Niederlenz gar 128 km/h.

Marcel Stoob spielte mit Alain Sutter, Stéphane Chapuisat und Jörg Stiel in der Schweizer U-21-Nationalmannschaft. Alain Sutter war sein Zimmergenosse. Bereits mit 18 wurde Stoob Nationalliga-A-Fussballer beim FC Zürich; nach dem Abstieg Zürichs wechselte er zur AC Bellinzona, damals noch A-klassig. Nach einer schweren gesundheitlichen und mentalen Krise begann er zu beten: «Ich spürte eine neue, innere Kraft. Der Glaube wurde mein Fundament.» Heute ist Stoob in verschiedenen freikirchlichen Organisationen und Projekten aktiv, die Sport und Christentum verbinden, zum Beispiel bei «Athletes in Action», die auch Bekenntnisse prominenter Sportlerchristen verbreitet.

Kaká (AC Milan), Weltfussballer des Jahres 2007:
Was inspiriert dich? «Das Gebet.»
Dein Lieblingsbuch? «Die Bibel, da steht alles drin.»
Deine Idealfrau? «Von Gott ausgewählt.»
Deine Lieblingsmusik? «Gospel.»

Wynton Rufer, Weltklassespieler beim FCZ und bei Werder Bremen, heute im FIFA-Player-Committee: «Mein grösster Wunsch ist es, dass Menschen in meinem Umfeld Jesus Christus kennenlernen.»

Cláudio Taffarel, brasilianischer Torhüter und Fussball-Weltmeister 1994: «Gott schickte mich in die linke Ecke. Ihm allein haben wir den Weltmeisterschaftstitel 1994 zu verdanken.»

Mit «Kickoff2008» wollen der frühere Spitzenspieler Marcel Stoob und andere Christen «fussballbegeisterten Menschen während der EFA Fussball-Euro 2008 durch verschiedene Projekte und Dienstleistungen die gelebte, christliche Nächstenliebe zum Ausdruck bringen und ihnen ein Anstoss zum Gauben sein». Der Titel des freikirchlichen Grossprojektes lautet «Evangelisation Explosiv» und ist auch so gemeint: «Wir haben so ein einzigartiges Missionsfeld vor unserer Haustür.» Weitere Projekte sind: Trash Soccer (leere PET-Flaschen und Tetrapaks in Abfallcontainer schiessen), Blue Cocktail Bar (mobile Bars mit Grossleinwänden und alkoholfreien Drinks), Kickoff-Gebet. Verteilt werden zahllose Gadgets und Bekehrschriften wie das Booklet «Fussball-Gott» oder «4tel Stunde für Jesus» und «Anstoss für den Glauben».

Die Verbindung zwischen Volksfest und Religion finden die Freikirchler in der Bibel. Matthias Spiess, Sprecher der Aktion «Kickoff2008», meint, Jesus habe oft an Lustbarkeiten teilgenommen: «Für einen Frommen seiner Zeit hat er erstaunlich ausgiebig gefestet und getrunken.»

Die sechs Werte, für die «Kickoff2008» im EM-Jahr in der Schweiz werben will, lauten:
1. Machet die Tore weit! – Gemeinsam statt einsam!
2. Lasset die Kicker zu mir kommen! – Freundschaft statt Feindschaft!
3. Der Einwurf für dich! – Hoffnung statt Gewalt!
4. Das runde Leder ist grenzenlos! – Integration statt Ausgrenzung!
5. Wir respektieren die Spielregeln! – Ordnung statt Dreck!
6. Ein Volltreffer für jeden! – Wohlstand statt Armut!

Die früheren Spitzenspieler Jörg Stiel (St. Gallen, FC Zürich, Borussia Mönchengladbach, Schweizer Nationalmannschaft) und Wynton Rufer (FC Zürich, Werder Bremen, Nationalmannschaft Neuseelands) sind im Beirat von «Kickoff2008».

Raphaël Wicky, in der Jugend Messdiener: «Ich bete jeden Abend, und wenn ich den Rasen betrete, bekreuzige ich mich. Aber ich würde nie das Trikot hochziehen und so theatralisch Gott danken wie die brasilianischen Superchristen.»

GC-Manager Erich Vogel: «Ich lüge 46-mal pro Tag – einmal mehr als ein Durchschnittsmensch.»
Tranquillo Barnetta (KV-Abschluss) widerspricht der Lebensweisheit «Dumm kickt gut» nur teilweise: «Längst nicht alle Spieler entsprechen dem Klischee. Aber man merkt schon, dass einige nur vom Kopf an abwärts trainieren.»

Die Sitzordnung im offiziellen Nati-Bus (Neoplan Starliner N516 5HD, 420 PS):

Chauffeur	Mario Brönnimann
Beifahrersitz	Hakan Yakin oder Daniel Gygax (legen Musik auf)
Erste drei Reihen	Staff: Köbi Kuhn, Michel Pont, Erich Burgener, Philippe Ebneter, Pierre Benoit, Ernst Lämmli, Arzt, Physiotherapeut; Marco Streller
Mittlere Reihen	Johan Djourou, Philippe Senderos, Benjamin Huggel, Pascal Zuberbühler, Alex Frei, Philipp Degen, Diego Benaglio
Hintere Reihen	Ricardo Cabanas, Tranquillo Barnetta, Gökhan Inler, Reto Ziegler, Fabio Coltorti, Ludovic Magnin
Hinterste Bank	Raphaël Wicky, Patrick Müller, Xavier Margairaz, Johan Vonlanthen

Wer ist der beste Playstation-Gamer der Nationalmannschaft? Hakan Yakin im Sportmagazin: «Ganz klar Dani Gygax. Er ist ein kleines bisschen besser als ich. Wenn wir mit der Nationalmannschaft unterwegs sind, spielen wir oft gegeneinander. Zwischen ihm und mir gibt es schon einen gesunden Konkurrenzkampf.» Yakin spielt an einem freien Tag bei schlechtem Wetter «schon zwei bis drei Stunden» an der Konsole. «Wenn ein neues Game rauskommt, kann es auch mal vorkommen, dass ich länger spiele.»

Patrick Müller ist der mit Abstand beste Jasser der Nationalmannschaft. Wie viel er dabei den Teamkollegen schon abgeknöpft hat, verschweigt er: «Sonst heisst es wieder, die verdienen zu viel, die Fussballer.»

Österreich hat eine halboffizielle Schriftsteller-Fussball-Nationalmannschaft. Spielertrainer der schreibenden Equipe ist der auch in der Schweiz bekannte Dramatiker, Erzähler und Fussballkolumnist («Neue Zürcher Zeitung») Franz Stefan Griebl mit dem Künstlernamen Franzobel: «Als österreichischer Fussballanhänger ist man gewohnt zu leiden, man lernt Demut und mit Niederlagen umzugehen.» Franzobel, der die fusballphilosophisch-psychologischen Werke «Gebete an den Fussballgott» und «Der Schwalbenkönig» verfasst hat, beteuert, dass die literarische Elf ein- bis zweimal pro Woche trainiere. Das Schweizer Pendant heisst F.A.D.S, Fussballspielende Autoren der Schweiz. Die F.A.D.S spielten bisher zweimal gegen die Österreicher Auswahl und verloren einmal mit 1:7 Toren und einmal mit 0:2 Toren. Im «Doppelpass», dem kulturellen Rahmenprogramm zur Euro 08 in Österreich, wird in Wien eine eigentliche Autoren-Europameisterschaft ausgetragen. Budget: 700 000 Euro. Zur Schweizer Mannschaft zählen unter anderen Hansjörg Schertenleib («Das Zimmer der Signora»), obwohl er die irische Staatsbürgerschaft angenommen hat, und der Sportkolumnist und ehemalige GC-Junior Richard Reich.

Der erste Frauenfussballverein der Welt wurde schon 1894 gegründet: der «British Lady Football Club» in London. Der Frauenfussball etablierte sich rasch. Erfolgreiche Teams reisten als Showtruppen von Stadt zu Stadt. Selbst eine Weisung der britischen Football Association von 1902 an ihre Mitgliedervereine, dass Spiele gegen «Lady Teams» verboten seien, vermochte den Erfolg nicht zu stoppen. Der eigentliche Durchbruch des Frauenfussballs erfolgte kurz nach dem Ersten Weltkrieg. Anfang 1921, so schreibt die deutsche Historikerin Beate Fechtig, gab es auf der Insel in jedem grösseren Dorf ein Frauenfussballteam; in den Städten sogar mehrere gleichzeitig. Das Spitzenteam waren damals die Dick Kerr's Ladies, die Betriebsmannschaft einer Munitionsfabrik in der Nähe von London. Sie spielten im Dezember 1920 vor 53 000 Zuschauern im Goodison Park des FC Everton in Liverpool. Kurz zuvor, im März 1920, absolvierten die Dick Kerr's Ladies in Chelsea vor 61 000 Zuschauern ihren ersten internationalen Frauenfussballmatch gegen Femina Paris. Sie gewannen 2:1.

Kurz danach verschärfte die Football Association ihre Politik gegen den Frauenfussball. Im Oktober 1921 beschloss der Verband, dass auf den Plätzen von FA-Mitgliedervereinen keine Frauenspiele mehr stattfinden dürften. Erfolglos versuchten die Frauenvereine, einen eigenen Verband zu gründen. Das Problem waren die fehlenden Fussballplätze. Der Boom des Frauenfussballs in England war vorbei. Auch in anderen Ländern konnte er sich nicht durchsetzen.

1955 war beim Deutschen Fussballbund (DFB) die offizielle (Wieder-)Einführung des Frauenfussballs traktandiert. Der Antrag wurde abgelehnt. Die Sporthistorikerin Gertrud Pfister erklärt den Entscheid so: «Frauen waren aufgrund einer angeblich fliessenden und runden Motorik und eines kindlichen Wesens nur für einige wenige Übungen, u. a. Gymnastik, Tanz oder Eislauf, geeignet.»

Ende der sechziger Jahre begann sich der Frauenfussball trotzdem zu etablieren. 1970 fand in Italien die erste, noch inoffizielle Fussball-Weltmeisterschaft statt. Die Däninnen wurden in Turin vor 35 000 Zuschauern erste Weltmeisterinnen. Im selben Jahr legalisierte auch der Deutsche Fussballbund den Frauenfussball und organisierte einen Spielbetrieb mit Bundesliga. Heute hat sich der Frauenfussball vor allem in den USA durchgesetzt, wo eine Profiliga existiert.

Stellungnahme des Deutschen Fussball-Bundes (DFB) zur Trikotwerbung im Damenfussball: «Die Anatomie der Frau ist für die Trikotwerbung nicht geeignet. Die Reklame wird verzerrt.»

Für den Schweizerischen Fussballverband (SFV) begann der Frauenfussball mit einem Irrtum. 1965 wurde der Sittener C-Juniorin Madeleine Boll fälschlicherweise eine offizielle Spielerlizenz ausgestellt. Die Sache wurde publik; und der SFV zog die Lizenz später mit der Begründung zurück, nur männliche Spieler würden lizenziert. Erst 1993 fanden die Fussballerinnen Eingang in den SFV. Seit 1970 – knapp vor der Einführung des Frauenstimmrechts in der Schweiz – hatte die Schweizerische Damen-Fussball-Liga Frauenmeisterschaften durchgeführt. 1970 fand auch das erste internationale Spiel statt: Die Schweizerinnen siegten gegen Österreich 9:0. Heute sind in der Schweiz über 20 000 Fussballspielerinnen lizenziert.

Was halten Sie vom Frauenfussball?
Antworten aus «Euro2004 Tischgespräche» von Heidi Buschauer Casalini und Albert Casalini-Buschauer.
Bruno Berner: «Diese Sportart hat für mich weniger Ästhetik. Technisch spielen Frauen zwar fast ebenso guten Fussball wie Männer, aber es ist zu wenig explosiv, zu wenig vital, es fehlt eine gewisse Dynamik. Ich meine, andere Sportarten wie Volleyball oder Tennis eignen sich für Frauen viel besser.»
Ricardo Cabanas: «Ich bin sicher nicht dagegen und finde, dass es viele Frauen gibt, die das gut können. Allerdings bin ich kein Fan dieses Sports.»
Daniel Gygax: «Nicht so viel. Die Frauen sollen Fussball spielen, aber für mich müssten sie es nicht tun.»
Ludovic Magnin: «Ich würde mich nie die ganzen neunzig Minuten hinsetzen, um ein Frauenspiel anzuschauen – selbst wenn es eine Weltmeisterschaft wäre.»
Raphaël Wicky: «Um ganz ehrlich zu sein: Ich schaue mir Frauenfussballspiele nicht sehr gerne an.»
Hakan Yakin: «Nicht sehr viel. Ein Spiel live anzuschauen fällt mir gar nicht ein, und wenn mal etwas am Fernsehen übertragen wird, schalte ich um. Ich halte auch nichts davon, dass Frauen bei Männerspielen als Schiedsrichterinnen amtieren.»

Katrin Weber-Klüver, deutsche Sportjournalistin und Kolumnistin, erzählt: «Als ich begonnen habe, über Fussball zu schreiben, war ich ziemlich allein unter Männern und sicher, dass diese Zeiten bald vorbei sein würden. Das ist 16 Jahre her, und meine Einschätzung war ein Irrtum. Fussball als Königsdisziplin im Sportjournalismus ist eine Männerdomäne geblieben. Sie wird von Männern verteidigt, offen und unterschwellig. Ich bin zwar noch nie gebeten worden, einem Mann zu seinem Amüsement das Abseits zu erklären. Aber ich habe oft erlebt, dass Spieler, Trainer,

Kollegen überrascht sind, wenn sie bemerken, dass sie mit einer Frau sprechen, die einen eigenen Fundus an Fussballwissen hat. Einmal hat mir Uli Hoeness ungefragt den Notizblock aus der Hand genommen, weil er annahm, so eine junge Frau wolle bestimmt nur ein Autogramm. Diese Anekdote kommt jedesmal, wenn ich sie erzähle, gut an. Sie ist sozusagen zeitlos aktuell. Leider.»

Der Stadionsprecher des 1. FC Saarbrücken begrüsste am 25. August 2006 beim Regionalligaspiel gegen die Sportfreunde Siegen die Zuschauerinnen mit den Sätzen: «Liebe Frauen, das Grüne da unten ist der Rasen. Das Weisse sind die Tore. Das Rote, das ist der Gegner, die Sportfreunde Siegen. Jubeln dürft Ihr erst, wenn unsere Jungs ein Tor gemacht haben und die anderen netten Jungs auf den Rängen die Hände hochreissen.»
1953 hatte der niederländische Psychologe Fred J. J. Buytendijk in einer Studie über das Fussballspiel geschrieben: «Das Treten ist wohl spezifisch männlich; ob darum das Getretenwerden weiblich ist, sei dahingestellt. Jedenfalls ist das Nichttreten weiblich!»

 Über 800 000 Frauen sassen am 26. Juni 2006 in der deutschen Schweiz vor den Bildschirmen, als die Schweiz an der WM gegen die Ukraine im Penaltyschiessen ausschied.

Die höchsten TV-Frauenquoten* an der WM 2006:

26.6.	Schweiz – Ukraine	49,1 %
19.6.	Schweiz – Togo	48,9 %
23.6.	Schweiz – Südkorea	48,0 %
9.7.	Italien – Frankreich	45,7 %
5.7.	Frankreich – Portugal	45,0 %

Die tiefsten TV-Frauenquoten* an der WM 2006:

12.6.	Australien – Japan	27,9 %
23.6.	Saudi-Arabien – Spanien	28,0 %
11.6.	Mexiko – Iran	28,8 %
10.6.	England – Paraguay	29,3 %
13.6.	Südkorea – Togo	29,7 %

*TV-Einschaltquoten Deutsche Schweiz (SF 1, SF zwei, ARD, ZDF, ORF 1, RTL), Publica Data AG

Die Fussball-Europameisterinnen im Überblick:

1984 Schweden
1987 Norwegen
1989 Deutschland
1991 Deutschland
1993 Norwegen
1995 Deutschland
1997 Deutschland
2001 Deutschland
2005 Deutschland

Die nächste Frauenfussball-EM findet 2009 in Finnland statt.

Jedes Jahr am 3. November findet in Wil SG ein besonderes Fest statt. Mit der jährlichen «11:3-Party» erinnert der Wiler Fanclub Black Bears sich an den legendären 11:3-Sieg des kleinen FC Wil gegen den grossen FC St. Gallen am 3. November 2002. Höhepunkt der Party ist jeweils das Video des damaligen Spiels in voller Länge. Es war das torreichste Spiel der Schweizer Fussball-Nationalliga aller Zeiten.
Mit dabei war auf St. Galler Seite Daniel Imhof, schweizerisch-kanadischer Doppelbürger, 32facher kanadischer Nationalspieler und heute bei Bochum in der 1. Bundesliga. Nach der 3:11-Niederlage sagte der gläubige Christ: «In letzter Zeit tauchte bei mir die Frage auf, ob das wohl eine Strafe sei für etwas, was die Mannschaft falsch gemacht hat. Aber Gott handelt nicht so – im Gegenteil!»

Am 4. Juli 2006, wenige Tage vor dem Final der Fussball-Weltmeisterschaft, veröffentlichte die Berliner Polizei einen Aufruf, der vor gefährlichen Objekten warnte. Die Rede war von sechs Lederfussbällen, die, mit Beton gefüllt, an öffentlichen Plätzen in Berlin mit Ketten an Bäume oder Laternenpfähle gekettet waren. Daneben die in rosaroter Farbe gesprayte Aufschrift: «Can u kick it?» (Kannst du ihn treten?). Von mehreren Verletzten war die Rede, die dem Reflex jedes Fussballers gefolgt waren und der 10-Kilogramm-Kugel einen Tritt versetzt hatten. In den Medien wurde ein politisch begründetes Anti-WM-Bündnis für die üble Aktion verantwortlich gemacht. Der deutsche Staatsschutz wurde eingeschaltet. «Die Bevölkerung ist aufgerufen», hiess es im Polizeiaufruf, «Notruf 110 oder jede andere Polizeidienststelle zu verständigen, sobald weitere solche Bälle gesichtet werden.» Schon am nächsten Tag wurde die Polizei fündig. In einer Wohnung fand sie sechs aufgeschnittene Lederbälle, bereits präparierte Bälle, Ketten, Spraydosen und Material für insgesamt hundert mit Beton gefüllte Lederkugeln. Die Polizei nahm den 26-jährigen Maximilian Lacher und seinen 29-jährigen Kollegen Attila Tornyi, zwei

Österreicher, fest. Vorwurf: fahrlässige und gefährliche Körperverletzung sowie gefährlicher Eingriff in den Strassenverkehr. Insgesamt waren 16 Betonfussbälle in Berlin verteilt worden, neun wurden von der Polizei eingesammelt, sieben offenbar von Sammlern mitgenommen. Die Verletztenliste umfasste drei Personen: Ein 16-jähriges Mädchen hatte sich eine Zehe gebrochen; zwei 21- und 23-jährige Männer mussten sich wegen leichter Fussverletzungen ärztlich behandeln lassen. Die beiden Täter der Künstlergruppe LM/LN betonten: «Wir sind Fussballfans und keine Fussballhasser mit fiesen Ideen.» Die Bälle seien nicht als Fallen aufgestellt worden, sondern als Kunstobjekte markiert gewesen: «Sie sollten ein in Beton gegossenes Massenphänomen symbolisieren.» Die Gruppe LM/LN ergänzte auf ihrer Website: «Wenn es 16 Betonfussbälle braucht, um 88 Millionen Menschen vier Tage lang in Ekstase zu versetzen, dann reichen 1885 Bälle für den Weltorgasmus.»

Patrick Müller: «Fussball ist ein Spiel, kein Krieg. Ich habe noch nie einen Gegenspieler verletzt.»
Hubert Münch, eisenharter Verteidiger des FC Zürich (1967–1973), zum Schiedsrichter: «Das war doch kein Foul, der bewegt sich ja noch!»

Der 66-jährige Hubert Münch ist heute Trainer des 3.-Liga-Clubs FC Meilen und wurde 1966 trotz seines deutschen Passes in die Schweizer Fussball-Nati aufgeboten. Münch erzählte die Geschichte im Sommer 2007 dem «Tages-Anzeiger» (21. 6. 2007):
Besitzen Sie auch einen Schweizer Pass?
Hubert Münch: Nach einem Cupsieg habe ich dem Zürcher Stadtrat meine Geschichte erzählt. «Sie müssen sofort Schweizer werden», war die Antwort. Kurz darauf bin ich mit meinen Unterlagen stolz zum Stadthaus gelaufen. Doch als der Beamte meine Unterlagen durchsah, stellte er entsetzt fest, dass ich nicht in der Stadt Zürich wohnte, sondern seit kurzem 50 Meter ausserhalb der Stadtgrenze. Deshalb hätte ich nochmals drei Jahre warten müssen, um Schweizer zu werden.
Danach kam es für Sie nicht mehr in Frage?
Nein. Allerdings finde ich es schade, dass ich mich nicht lokalpolitisch engagieren kann. Das würde ich gerne machen. Denn immerhin bin ich seit 45 Jahren in der Schweiz. Im Jahr 1966 habe ich von Trainer Alfredo Foni ein Aufgebot der Schweizer Nationalmannschaft für die WM erhalten. Ich musste ihm sagen, dass ich leider Deutscher sei. Fritz Künzli wollte mich trotzdem überreden, weil die ganze Mannschaft des FC Zürich in der Nationalmannschaft war. Für 300 000 Franken wäre es eventuell möglich gewesen, sich schnell einbürgern zu lassen. Doch das war es mir nicht wert.

Verpasst wurde auch die Einbürgerung des pfeilschnellen rechten Flügels des BSC Young Boys, Carlos Varela. Der frühere Nati-Trainer Enzo Trossero (2000–2001) wollte den temperamentvollen Sohn spanischer Einwanderer zwar fürs Nationalteam aufbieten und bat Varelas damaligen Trainer Christian Gross (FCB), die dafür notwendigen Schritte einzuleiten, wie Varela im «YB-Magazin» erzählte: «Doch die Sache verlief im Sand, weil Trossero entlassen wurde.» 2008, aber wohl zu spät für ein Euro-08-Aufgebot, wird der 30-jährige Vollblutstürmer doch noch Schweizer.

Das Werk Paul Klees mit dem Titel «Alphabet I» besteht aus den Buchstaben Z, X, W, R, Q, S, L, O, I, P, K, E, H, V, A, B, C, U, T, Y, F und einigen aufgelösten Schriftzeichen, die alle mit Kleisterfarbe auf eine auf Karton aufgezogene Zeitungsseite aus dem Jahre 1938 gemalt wurden. Der Zeitungstext beschreibt ein Fussballspiel. Titel: «Der Cupfinal Grasshoppers – Servette unentschieden». Das eine Thema von Klees Werk ist Eugène Walaschek, ein Held des Spiels der Schweiz gegen Grossdeutschland. Das andere und gemäss Interpreten und Kunstexperten bedeutendere ist das fehlende J (Judenstempel) im Alphabet. Das Original ist im Zentrum Paul Klee in Bern zu besichtigen (Bus 12).

«Die Wahrheit liegt auf dem Platz»: Fussball ist nur dann wirklich und unverfälscht Fussball, wenn er gespielt wird. Fussball ist dann ein Kulturgut, wenn darüber gesprochen wird. Alex Frei, 2004 in Portugal, bevor Fernsehbilder ihn des Anspuckens von Gegenspieler Steven Gerrard überführt hatten: «Ich habe ihn nicht angespuckt.»

Das Schlusswort des deutschen Schriftstellers Martin Walser, der von Überlingen am Bodensee aus die Schweiz und Österreich sehen kann: «Sinnloser als Fussball ist nur noch eins: nachdenken über Fussball.»

Anhang

Erstmals abgedruckt und auf den folgenden Seiten faksimiliert: Die systematische Analyse aller Spieler der türkischen Nationalmannschaft vor dem entscheidenden Barrage-Spiel Schweiz – Türkei anlässlich der Qualifikation zur Fussball-WM 2006. Wie diese Analyse auf Umwegen zum Schweizer Nati-Coach Köbi Kuhn gelangte, ist auf Seite 24 dieses Buches nachzulesen.

Die türkische Nationalmannschaft in der Saison 05/06 – eine Analyse der vier letzten Länderspiele

(Stand: vor den Play-Off-Spielen zwischen der Schweiz und der Türkei)

Die Offensive

Zuletzt 2 knappe Auswärtssiege, zu Hause mit Problemen

- Die Türkei erreichte die Play-Off-Spiele der WM-Qualifikation durch 7 Punkte aus den letzten 3 Partien. Neben einem 2:2 gegen Dänemark gab es zwei glückliche 1:0-Siege in der Ukraine und Albanien.
- Dazwischen besiegten die Türken in einem Freundschaftsspiel die Deutsche Nationalmannschaft mit 2:1 – diese 4 Spiele unter dem neuen Trainer Fatih Terim (seit Juni im Amt, im August noch mit einem 1:3 in Bulgarien) bilden die Grundlage für diese Analyse.
- In der letzten Relegation für die EM 2004 scheiterte die Türkei überraschend an Lettland (0:1 auswärts, 2:2 zu Hause).
- Überhaupt wurden gerade zu Hause in den Jahren seit der WM 2002 die entscheidenden Spiele nicht gewonnen: Im Oktober 2003 gab es in der EM-Qualifikation im letzten Spiel ein 0:0 gegen England, dann das 2:2 gegen Lettland; in der aktuellen WM-Qualifikation gab es zuletzt zu Hause ein 0:0 gegen Griechenland und das 2:2 gegen Dänemark.
- Im November 2004 verlor die Türkei im Heimspiel gegen die Ukraine sogar mit 0:3, im September 2004 gab es gegen Georgien ein 1:1 – so wurde in der WM-Qualifikation nur gegen Albanien und Kasachstan zu Hause gewonnen, teilweise schien die Mannschaft im eigenen Stadion dem Druck nicht gewachsen zu sein.
- Auswärts blieben die Türken in ihrer Gruppe demgegenüber ungeschlagen, es gab 4 Siege und 2 Remis (wobei die Ukraine vor dem 0:1 gegen die Türkei am 7. September schon qualifiziert war und z.B. Andriy Shevchenko nicht zum Einsatz kam).

Tümer Metin erzielte die wichtigen Tore

- In den beiden Spielen im September gegen Dänemark und in der Ukraine trat die Türkei jeweils im 4-4-2-System mit der Doppelspitze Hakan Sükür und Fatih Tekke an.
- Bei den beiden Partien im Oktober setzte Trainer Fatih Terim auf Halil Altintop als einzige Spitze und 3 offensive Mittelfeldspieler dahinter.
- Eine Schlüsselrolle besetzte so oder so Tümer Metin, der meist im linken offensiven Mittelfeld spielt. Tümer erzielte gegen Dänemark das 2:1 und in den folgenden beiden Qualifikationsspielen jeweils den 1:0-Siegtreffer. Dazu war er am häufigsten für kreative Momente im Offensivspiel zuständig.
- Gegen Dänemark traf zudem Okan Buruk, damit wurden die letzten 4 WM-Qualifikations-Tore alle von Mittelfeldspielern erzielt.

- Auch gegen Deutschland war mit Jungtalent Nuri Sahin ein Mittelfeldspieler erfolgreich, dazu Halil Altintop im Nachsetzen nach einem Aluminiumtreffer von Tümer.
- Sollte neben dem gesperrten Emre auch Yildiray Bastürk tatsächlich in der Schweiz ausfallen, fehlen den Türken ihre beiden ballsichersten Spielmacher. Tümer könnte dann zentraler zum Einsatz kommen, wie in der Ukraine, wo er von halblinks oft ins Zentrum oder sogar nach rechts rochierte.

Offensivstärkere 2. Spielhälfte

- Die letzten 4 Tore in der WM-Qualifikation fielen alle nach dem Seitenwechsel, 3 davon in der Viertelstunde direkt nach der Pause.
- In der Ukraine und Albanien begannen die Türken abwartend und recht unsicher, die Gegner hatten in der 1. Spielhälfte jeweils ein Chancenplus und hätten in Führung gehen können.
- 25 der 40 Torschüsse in den letzten drei Qualifikations-Spielen gaben die Türken nach dem Seitenwechsel ab, gerade in den 15 Minuten nach der Pause wurden viele Torschüsse abgegeben (11 und damit fast so viele wie in der kompletten 1. Spielhälfte).
- Von Beginn an offensivfreudiger war die Türkei im Freundschaftsspiel gegen die in diesem Spiel schwache Deutsche Nationalmannschaft (20 Torschüsse, 13 davon vor der Pause).

Spielerisch veranlagte Türken

- 5 der 6 Treffer in den letzten 4 Länderspielen fielen aus dem laufenden Spiel heraus, dazu verwandelte Tümer gegen Dänemark einen direkten Freistoß.
- 3-mal waren die Türken nach Pässen erfolgreich und 2-mal nach Flanken (jeweils im Nachschuss: Okan gegen Dänemark und Tümer in Albanien).
- Beide Flanken zu Toren und auch insgesamt die Mehrzahl der Flanken wurden von links nach innen gebracht. Zudem fehlt in der Schweiz der offensivfreudige Rechtsverteidiger Hamit Altintop gesperrt (er schaltete sich immer wieder ein und schlug deutlich die meisten Rechtsflanken).
- Gefährlich werden die Türken nach kurzen Steilpässen, so wurde z.B. das Siegtor in der Ukraine schön durch die Mitte herausgespielt.
- Nur selten kam die Türkei nach langen Pässen (über mehr als 30 Meter) zu Torschüssen. Für Gefahr sorgen können allerdings die extrem weiten Bälle von Torwart Volkan – er kann den Ball aus der Hand oder vom Boden weit in die gegnerische Hälfte schlagen und damit die gegnerische Abwehr überraschen (wie vor einer Großchance von Hakan Sükür gegen Dänemark).
- Insgesamt landete der Ball aber meist beim Gegner, wenn es die Türken mit weiten Steilpässen versuchten (nur knapp 20% zum eigenen Mann) – Kurzpass-Kombinationen sind eher ihr Spiel, das es möglichst zu verhindern gilt.
- Wenn man die Türken kombinieren lässt, können sie ihre technischen Fähigkeiten ausspielen – so wurden 16 der 20 Torschüsse im Freundschaftsspiel gegen Deutschland mit Pässen eingeleitet, das ist ein extrem hoher Anteil.
- In den WM-Qualifikationsspielen konnten die Türken demgegenüber ihre Spielstärke deutlich weniger einbringen, hier agierten sie streckenweise zerfahren, so dass die Erfolge nicht auf dominanter Spielweise beruhten.

Eher wenig Gefahr nach Standardsituationen und in der Luft
- 13-mal kam die Türkei in den letzten 4 Spielen nach Standardsituationen zum Abschluss, darunter waren 12 Freistoßsituationen.
- 6-mal wurde ein Freistoß aufs Tor geschossen (meist durch Tümer mit links), hoch in den Strafraum geschlagene Standards brachten nur selten Gefahr.
- Die Ecken wurden in der Regel mit Schnitt zum Tor hin auf den kurzen Pfosten geschlagen, wo der recht kopfballstarke Selcuk Sahin meist versuchte, die Bälle zu verlängern. Teilweise wurden die Eckbälle auch kurz ausgeführt.
- Per Kopf torgefährlich bei Standards ist neben Selcuk und den Stürmern Hakan Sükür und Fatih Tekke vor allem Innenverteidiger Alpay Özalan. Der Kölner kam in der laufenden Bundesligasaison schon mehrmals gefährlich zum Kopfball und war 1-mal nach einer Ecke erfolgreich (in Frankfurt).
- Die 6 Tore in den letzten Länderspielen erzielten die Türken alle mit dem Fuß.
- Obwohl in den ersten beiden Partien noch der kopfballstarke Hakan Sükür zum Einsatz kam, wurden nur 3 der insgesamt 60 Torschüsse per Kopf abgegeben – ein extrem geringer Anteil.
- Auch die Zweikampfwerte in der Offensive sind bei den am Ball überwiegend geschickten Türken am Boden in der Regel deutlich besser als in der Luft.

Halil Altintop war zuletzt die Speerspitze
- Halil Altintop agierte wie erwähnt in den letzten beiden Länderspielen als einzige Spitze. In Albanien hatte er es alleine in vorderster Front schwer, kam aber immerhin kurz nach der Pause zu einer Großchance, die er vergab (1 seiner 3 Torschüsse im Spiel).
- Rechtsfuß Altintop ist ein fleißiger und laufstarker Stürmer, der sowohl bei Steilpässen als auch bei hohen Bällen vom Flügel gefährlich werden kann. Obwohl er sich in den Kopfballduellen eher selten durchsetzt, erzielte er in der laufenden Bundesligasaison schon 4 Kopfballtore.
- Insgesamt traf Altintop in dieser Spielzeit bereits 10-mal für den 1. FC Kaiserslautern, darunter 3 Kontertore. Gerade bei Kontersituationen, wenn er Platz hat, kann er seine Schnelligkeit und gute Ballführung zur Geltung bringen.
- Halil Altintop verfügt über gutes Spielverständnis und kann auch per Pass oder Flanke Tore vorbereiten. Gegen Deutschland spielte er stark und gab in 45 Minuten 5 Torschussvorlagen.
- Schwachpunkt des jungen Altintop ist das Durchsetzungsvermögen bei enger Deckung: In Albanien gewann er nur 30% seiner vielen Zweikämpfe, in der laufenden Bundesligasaison liegt er mit 37% ebenfalls deutlich unter dem Durchschnitt für Stürmer (der liegt bei 42%). Zudem fehlt dem 22-Jährigen noch etwas die Abgeklärtheit.

Die weiteren zuletzt eingesetzten Stürmer: Hakan Sükür und Fatih Tekke
- Hakan Sükür konnte in den Spielen gegen Dänemark und in der Ukraine nicht überzeugen, auch wenn er das Siegtor in Kiew mit einem schönen Hackentrick vorbereitete. In einigen Szenen wirkte er etwas langsam und unbeweglich.
- Der 34-jährige Routinier kam in seinen 180 Spielminuten nur 2-mal zum Torschuss, darunter kein einziger Kopfball (eigentlich seine Stärke). Auswärts in der Ukraine blieb er ohne Abschlussaktion.

- Recht gut versteht es Hakan Sükür, die Bälle per Kopf oder Fuß auf den Mitspieler abzulegen. In den beiden Spielen bereitete der Angreifer von Galatasaray insgesamt 6 Torschüsse vor.
- Hakan Sükür ist in der Luft zweikampfstärker als am Boden und wird oft hoch angespielt. Selten gelang es ihm einen Gegenspieler auszudribbeln und wenn er am Boden schon bei der Ballannahme attackiert wurde, verlor er meist den Ballbesitz.
- Fatih Tekke von Trabzonspor ist ein gefährlicher Abschlussspieler, in der letzten Saison war er Torschützenkönig in der Türkei.
- In seinen 173 Spielminuten gegen Dänemark und in der Ukraine kam er starke 9-mal zum Torschuss (8-mal im gegnerischen Strafraum). Fatih Tekke nutzt jede Chance zum direkten Abschluss. Je 4-mal schoss er mit links und rechts, 1-mal per Kopf.
- Zwar blieb er in diesen Spielen ohne Treffer, mit 7 Toren war Fatih Tekke aber insgesamt deutlich der erfolgreichste Türke in der WM-Qualifikation (alle Tore erzielte er gegen Kasachstan und Georgien).
- Der 28-Jährige, der im Vereinsfußball eher wenig internationale Erfahrung hat, bereitete mit einer seiner wenigen Flanken das 1:1 gegen Dänemark durch Okan vor. Insgesamt hat er im spielerischen Bereich nicht seine Stärken.
- Fatih Tekke kann sich am Boden und in der Luft recht gut im Zweikampf behaupten und holt geschickt Freistöße heraus, ist aber wie auch Hakan Sükür kein besonders starker Dribbler.

Tümer ist schuss- und dribbelstark
- Der 31-jährige Tümer Metin von Besiktas Istanbul war wie erwähnt zuletzt der stärkste Offensivspieler der Türken – er traf in den letzten 3 Qualifikationsspielen mit 3 seiner 9 Torschüsse.
- Tümer ist Linksfuß, kann aber auch mit rechts abschließen – wie bei seinem Tor in Albanien im 2. Versuch.
- Auch gegen Deutschland gab Tümer bei den Türken die meisten Torschüsse ab (4). Er kann sehr platziert schießen, auch aus der Distanz (wie bei seinen Freistößen).
- Tümers wichtige Stellung im türkischen Team zeigt auch, dass er in den letzten Qualifikationsspielen am häufigsten einen Torschuss vorbereitete. Dabei resultierte die Hälfte seiner Torschussvorlagen aus Standardsituationen.
- Der offensive Mittelfeldmann ist für überraschende Aktionen und Dribblings gut – vor seinem Treffer in der Ukraine zog er mit einem Haken am Gegenspieler vorbei, in Albanien setzte er in einer Szene seitlich am Strafraum einen gekonnten Beinschuss.
- Insgesamt gewann Tümer deutlich über die Hälfte seiner Dribblingzweikämpfe in der Offensive – es kann gefährlich werden, wenn sein direkter Gegenspieler nicht abgesichert wird.
- Gerne spielt der selbstbewusst auftretende Tümer Doppelpass.

Weitere offensivstarke Flügelspieler
- Nihat Kahveci kann im rechten offensiven Mittelfeld oder im Sturm eingesetzt werden. Auch als Mittelfeldspieler zieht er oft ins Sturmzentrum, so hatte er in Albanien trotz seiner geringen Körpergröße eine Kopfballchance.

- Der Rechtsfuß von San Sebastian wird meist nach Kombinationsspiel gefährlich und kann ansatzlos abziehen. In den 13 Champions-League-Spielen seiner Karriere blieb er aber ohne Torerfolg.
- In den letzten 3 WM-Qualifikationsspielen stand Nihat nicht in der ersten Elf. Gegen Deutschland begann er und es wurden seine Schwächen im Durchsetzungsvermögen deutlich – ganze 28% der Duelle entschied er für sich.
- Der ebenfalls klein gewachsene Okan Buruk ist eine weitere Alternative für das rechte Mittelfeld. Er spielte in Albanien und der Türkei von Beginn an und wurde gegen Dänemark eingewechselt.
- Der 32-Jährige von Besiktas traf gegen Dänemark mit einem schönen Außenrist-Schuss, gab aber in den 3 Spielen nur 2 Torschüsse ab (beim Tor und unmittelbar davor einen verunglückten Direktschuss).
- Eine Torschussvorlage gab Okan in den 3 Partien nicht, im Zweikampf hat er wie auch Nihat wenig Durchsetzungsvermögen.
- Im rechten Mittelfeld gab es insgesamt viele Personalwechsel, eine weitere Alternative ist hier Hasan Sas, der allerdings zuletzt nie mehr an seine gute Form der WM 2002 anknüpfen konnte und in den beiden Spielen im Oktober nicht zum Einsatz kam.
- In keinem der letzten 4 Länderspiele zum Einsatz kam Tuncay Sanli, der bei Fenerbahce in der Champions League meist als Linksaußen agiert. Allerdings hat auch der torgefährliche Tuncay einen stärkeren rechten Fuß, 4 seiner 5 Champions-League-Tore (alle in der letzten Saison) erzielte er mit rechts.
- Der 23-jährige Tuncay ist recht kopfballstark und sucht mit rechts auch aus der Distanz den Abschluss.
- In seinen Spielen der diesjährigen Champions League zeigte Tuncay Zielstrebigkeit und Dribbelstärke, letzte Saison erzielte er bei einem 3:0 von Fenerbahce gegen Manchester United alle 3 Tore.

Beide Spielmacher fehlen voraussichtlich in der Schweiz

- Im zentralen offensiven Mittelfeld agierte in 3 der letzten 4 Länderspiele Yildiray Bastürk, der mit seiner Ballsicherheit und Lauffreude wichtig für das Team ist, allerdings kaum entscheidend an Torszenen beteiligt war. Gegen die Schweiz fehlt er voraussichtlich verletzt.
- Der in der Schweiz gesperrte Emre Belözoglu ist wie Bastürk ein kleiner, wendiger, technisch guter und aggressiver Mittelfeldmann. In Albanien ersetzte der Linksfuß nach der Pause Bastürk, was zu einer Verbesserung des Offensivspieles führte.
- Wenn beide in der Schweiz nicht dabei sind, wäre das im spielerischen Bereich eine deutliche Schwächung der Türkei.
- Vor der Abwehr bildeten zuletzt meist Hüseyin Cimsir (halblinks) und Selcuk Sahin (halbrechts) ein Duo. Dabei sucht der dynamische Selcuk etwas öfter den Weg nach vorne als Hüseyin, der eher als Ballverteiler vor der Abwehr agiert.
- Selcuk ist robust und kopfballstark, aber nicht so ballsicher – wenn er von den Gegnern schnell attackiert wurde, unterliefen Selcuk teilweise Ballverluste im Mittelfeld, die den Gegnern gute Chancen zum Gegenangriff eröffneten.

Hamit Altintop sucht oft den Weg nach vorne

- Hamit Altintop, der in der Schweiz gesperrt ist, agierte in den letzten 4 Länderspielen stets als Rechtsverteidiger.
- Der gelernte Mittelfeldspieler schaltete sich immer wieder in die Angriffe mit ein, hatte viele Ballkontakte und führte viele Offensivzweikämpfe. Dabei kann er sich im Dribbling recht gut durchsetzen, was auf die mögliche Alternative Serkan Balci von Fenerbahce nicht zutrifft.
- Recht oft versucht es Altintop mit langen Pässen von seiner rechten Seite, beim Spiel in Albanien versuchte er auffallend häufig, seinen Bruder Halil anzuspielen (einen der Torschüsse von Halil bereitete er per Flanke vor). Zudem kann er gefährlich aus der Distanz schießen.
- Linksverteidiger spielte zuletzt meist Ümit Özat, obwohl auch er kein gelernter linker Verteidiger ist.
- Ümit Özat schlug zwar in Albanien mit links die Flanke, die indirekt zum 1:0 führte, legt sich den Ball in der Vorwärtsbewegung aber sonst meist auf seinen etwas stärken rechten Fuß.
- In den 3 letzten Qualifikations-Spielen schlug er die meisten Linksflanken bei der Türkei (insgesamt 10).
- Die Innenverteidiger Ibrahim Toraman und Alpay Özalan rücken nur bei Standards mit auf. Beide verrieten Ungenauigkeiten im Spielaufbau, vor allem Alpay fand mit seinen langen Pässen nur selten einen Mitspieler.

Fazit Offensive

Die Türkei präsentierte sich in den Qualifikationsspielen nicht so spielstark wie zum Beispiel bei der letzten WM und erreichte nur knapp die Play-Offs. Zu Hause haben die Türken trotz der großen Unterstützung der Fans seit Jahren Probleme, auch die beiden 1:0-Auswärtssiege in den letzten Qualifikationsspielen waren nach jeweils schwacher 1. Spielhälfte glücklich. Zu welcher Offensivkraft die Türken allerdings im Stande sind, zeigte sich in der 1. Halbzeit gegen die Deutsche Nationalmannschaft, die es nicht verstand, entscheidend dagegen zu halten.

Tümer Metin war zuletzt nicht zufällig der Mann der entscheidenden Tore, er versteht es, dem Offensivspiel durch gute Technik und Kreativität das gewisse Etwas zu geben. Nihat oder Okan auf rechts setzten deutlich weniger Akzente, auch die Stürmer blieben in den letzten Qualifikationsspielen ohne Torerfolg. Im offensiven Mittelfeld fehlen mit dem wohl verletzten Bastürk und Emre in der Schweiz wichtige Anspielstationen, dazu der offensivfreudige Hamit Altintop. Eine durchaus gefährliche Waffe im Offensivspiel sind die extrem weiten Bälle von Torwart Volkan.

Die Defensive

Glück mit schwacher Chancenverwertung der Gegner
- Die Türkei blieb zwar in den letzten beiden Auswärtsspielen ohne Gegentor, ließ aber in der Ukraine und in Albanien einige Torchancen zu.
- Insgesamt wurden in den letzten 4 Spielen gegen die Türken 58 Torschüsse abgegeben, daraus resultierten nur 3 Tore (2 für Dänemark, 1 für Deutschland).
- In den Qualifikationsspielen war wie erwähnt die 1. Spielhälfte die schwächere, so wurden auch 57% der gegnerischen Torschüsse in diesen Partien vor der Pause abgeben.
- Allerdings fielen 2 der letzten 3 Gegentore unmittelbar vor Schluss – Dänemarks Sören Larsen und Deutschlands Oliver Neuville trafen jeweils in der Nachspielzeit.

Schwächen bei hohen Bällen und auf der linken Abwehrseite
- Die beiden Tore der Dänen fielen jeweils nach Passspiel. Beim 2:2 kurz vor Schluss leitete Jon Dahl Tomasson einen hoch nach vorne gebrachten Ball direkt auf Torschütze Larsen weiter.
- Auch über die Hälfte der Torschüsse gegen die Türkei in den letzten 4 Spielen wurde per Pass eingeleitet. Bei schnellem Flachpassspiel sieht gerade Routinier Alpay hin und wieder schlecht aus.
- Zudem ist der Anteil der Torschüsse nach langen Pässen auffallend hoch, bei weiten Bällen in die Spitze bekam die Abwehr einige Male Probleme.
- Bei gegnerischem Flügelspiel war die linke Abwehrseite anfälliger. Nicht nur das Tor der Deutschen Nationalmannschaft fiel nach einer Flanke über die linke Abwehrseite der Türken, auch Albanien hatte nach Flankenbällen über diese Seite 2 gute Torchancen (durch Kopfbälle der Stürmer Tare und Bogdani).
- Auch nach Ecken kamen die Albaner 2-mal zum Kopfball – bei hohen Bällen zeigten die Türken einige Schwächen, gerade auch in der Ukraine.
- Insgesamt wurden in den letzten 4 Spielen 10 Torschüsse mit dem Kopf gegen die Türkei abgegeben.

Ibrahim Toraman meidet die Zweikämpfe
- Die Innenverteidigung der Türken bildeten zuletzt stets Alpay und der junge und international noch recht unerfahrene Ibrahim Toraman von Besiktas Istanbul.
- Alpay führte in den letzten Länderspielen bei den Türken deutlich die meisten Kopfballduelle in der Defensive und gewann davon gute 66%.
- Am Boden ist Alpay schwächer, gerade dribbelstarke und bewegliche Spieler kann er recht selten fair vom Ball trennen.
- Ibrahim Toraman geht von allen Spielern der Türkei am seltensten in einen Zweikampf und ist nicht ganz so kopfballstark wie Alpay.
- Am Boden mangelt es ihm am richtigen Timing, so griff er zum Beispiel Dänemarks Claus Jensen vor dessen Tor in der Türkei nicht energisch genug an. Wenn er sich entschließt, auf den Gegner zu gehen, wird Ibrahim relativ oft ausgedribbelt, so z.B. zuletzt in Albanien vor 2 Torschüssen von Bogdani.

Probleme auf den Außenverteidigerpositionen

- Von den Außenverteidigern und Mittelfeldspielern gewannen alle weniger als 60% der Kopfballduelle in der Defensive. Gerade Hamit Altintop hat hier Schwächen, der junge Schalke ist allgemein im der Offensive zweikampfstärker als bei gegnerischem Ballbesitz.
- Insgesamt wirkten die Außenverteidiger nicht immer sicher, da sie beide nicht auf ihrer Idealposition spielen (Özat spielte früher Innenverteidiger, die jungen Hamit Altintop und Serkan Balci im Mittelfeld).
- Serkan verzeichnete bei seinen Champions-League-Spielen dieser Saison als Rechtsverteidiger von Fenerbahce extrem schwache Zweikampfwerte – er gewann ganze 38% der Duelle und spielte sehr häufig Foul.
- Eine weitere Alternative als rechter Verteidiger ist Fatih Akyel, der letzte Saison in Bochum scheiterte und mittlerweile in Griechenland für PAOK Saloniki spielt.
- Im defensiven Mittelfeld halten Hüseyin und Selcuk meist diszipliniert ihre Positionen. Im Defensivzweikampf ist Hüseyin etwas geschickter als Selcuk.
- Die Alternative Gökdeniz Karadeniz gewann in der Ukraine als rechter Mittelfeldspieler vor der Pause nur 1 von 5 Defensivzweikämpfen und wurde in der Halbzeit ausgewechselt.

Volkan als Unsicherheitsfaktor

- Torwart Volkan Demirel zeigte nicht nur in der diesjährigen Champions League bei Fenerbahce einige Unsicherheiten (z.B. „geschenktes" Tor für Kuranyi in Istanbul), sondern agierte auch in den Länderspielen wechselhaft.
- Das 1:0 der Dänen war nicht unhaltbar (Schuss in die kurze Ecke), in Albanien wäre fast ein Gegentor gefallen, als Volkan einen schon sicher geglaubten Ball aus den Händen rutschen ließ.
- Mehrmals verließ Volkan bei hohen Bällen die Linie, ohne an den Ball zu kommen. Dazu ist er auf der Linie zwar meist reaktionsschnell, lässt aber viele Bälle nach vorne abprallen – hier kann sich energisches Nachsetzen entscheidend lohnen.

Fazit Defensive

Auch wenn die Türkei in den letzten 4 Länderspielen insgesamt nur 3 Gegentore kassierte, wirkte die Abwehr keineswegs sicher. Mit den beiden defensiven Mittelfeldspielen vor der Viererkette stand das Team recht kompakt, die individuelle Qualität der Defensivspieler ist aber nicht überragend. Gerade Torwart Volkan ist immer für einen Fehler gut. In der Abwehr räumte Alpay als deutlich kopfballstärkster Türke am meisten ab, dribbelstarke Spieler liegen dem Kapitän der Türkei allerdings nicht. Ibrahim Toraman strahlte recht wenig Souveränität aus, die Außenverteidiger sind eher Notlösungen als feste Größen, zudem fehlt der zuletzt gesetzte Hamit Altintop in der Schweiz. Trotz Alpay kamen die Gegner gerade nach hohen Bällen immer wieder zu Möglichkeiten.

Aufgeführte Personen

	Seite		Seite
Abegglen, Max «Xam»	25	Blanc, Laurent	67
Abegglen, Trello	32	Blatter, Joseph «Sepp»	14
Ackermann, J.-P.	89	Blazevic, Miroslav	40
Adenauer, Konrad	48	Blocher, Christoph	45
Amadò, Lajo	32	Blumenthal, Renzo	88
Amherd, Viola	50	Böckli, Roberto	92
Andreoli, Franco	40	Bodenmann, Peter	94
Antenen, Kiki	23	de Boer, Frank	90
Antic, Goran	42	de Boer, Ronald	90
Arnesen, Frank	66	Boll, Madeleine	101
Bachramov, Tofik	26	Botteron, René	28
Ballabio, Erwin	40	Braem, Harald	88
Barberis, Umberto	28	Bravo, Omar	73
Barnetta, Tranquillo	8	Bregy, Georges	23
Baros, Milan	70	Breitenmoser, Albin	46
Barthez, Fabien	32	Breitner, Paul	65
Barton, Robert	87	Brönnimann, Mario	99
Basler, Mario	16	Bruderer, Pascale	49
van Basten, Marco	66	Brunner, Toni	24
Baumann, Alexander J.	48	Büchel, Markus	75
Baumberger, Godi	25	Bühler, Arnaud	41
Becher Robert Johannes	15	van den Buijs, Stan	91
Beckenbauer, Franz	28	Burgener, Erich	94
Beckham, David	34	Burkhalter, Paul	71
Bédouret, Felix	64	Burki, Sandro	42
Behrami, Valon	36	Burri, Hanspeter	31
Benaglio, Diego	9	Buschauer Casalini, Heidi	101
Benedikt XVI.	77	Büttiker, Rolf	51
Benoit, Pierre	99	Buytendijk, Fred J. J.	102
Benthaus, Helmut	43	Buzansky, Jenö	30
von Bergen, Steve	37	Cabanas, Ricardo	32
Berner, Bruno	95	Calmy-Rey, Micheline	12
Bertone, Tarcisio	80	Cantona, Eric	57
Bertrand, Arthur	70	Carlos, Roberto	97
Bezzola, Duri	49	Casalini-Buschauer, Albert	101
Bickel, Alfred «Fredy»	23	Celestini, Fabio	9
Bierhoff, Oliver	67	Chapuisat, Stéphane	23
Bignasca, Giuliano	53	Charlton, Bobby	26
Binder, Max	7	Chirac, Jacques	14
Bircher, Silvio	44	Chuard, Ernest	47
Birrer, Peter	89	Cina, Jean-Michel	49

	Seite		Seite
Collina, Pierluigi	89	Franzobel (Franz Stefan Griebl)	56
Colomba, Massimo	91	Frei, Alex	8
Coltorti, Fabio	9	Frei, Markus	41
Couchepin, Pascal	10	Frenken, A.	29
Degen, David	9	Frieden, Urs	51
Degen, Philipp	9	Fringer, Rolf	26
Deiss, Joseph	49	Furgler, Kurt	43
Delaunay, Henri	70	Garrone, Eduard	29
Demarmels, Otto	88	Gascoigne, Paul	89
Désailly, Marcel	67	Gattuso, Gennaro	33
Dietrich, Walter	64	Geiger, Alain	31
Dienst, Godi	26	Gerrard, Steven	68
Diethelm, Michael	41	Goebbels, Joseph	54
Djorkaeff, Juri	67	Gomes, Nuno	70
Djourou, Johan	8	Grabowski, Jürgen	65
Dubath, Philippe	89	Graf, Maya	11
Duckworth, Teddy	40	Gress, Gilbert	40
Ducret, Jacques	89	Grichting, Stéphane	9
Dzemaili, Blerim	37	Grosics, Gyula	30
Ebneter, Philippe	99	Gross, Christian	32
Edward II.	16	Gualtieri, Davide	69
Effenberg, Stefan	89	Guisan, Henri	12
Egli, André «Andy»	15	Gullit, Ruud	66
Eggimann, Mario	36	Günter, Paul	49
Ehrenbolger, Karl	64	Gygax, Daniel	8
Eich, Walter	46	Haas, Bernt	95
Eichmann, Leo	27	Häberli, Thomas	31
Elsener, Karl «Charly»	28	Hagi, Gheorghe	23
de Esteban, Jorge	15	Hahn, Willibald	40
Eusébio da Silva Ferreira	13	Häner, Fredy	9
Fässler, Hildegard	11	Happel, Ernst	20
Fässler, Paul	64	Hassam, Hossam	90
Fässler, Ulrich	90	Hassam, Ibrahim	90
Fatton, Jacques	32	Heitz, Georg	89
Favre, Lucien	83	Henchoz, Stéphane	31
Fechtig, Beate	100	Henry, Thierry	67
Fehr, Mario	49	Herberger, Sepp	15
Fernandes, Gelson	9	Hermann, Heinz	31
Fetz, Anita	49	Hess, Hans	49
Filipescu, Iulian	56	Heynckes, Jupp	65
Fischer, Heinz	14	Hill, Russel	87
Foni, Alfredo	27	Hirst, David	96
Foster, Ben	92	Hitler, Adolf	54
Frêche, Georges	53	Hitzfeld, Ottmar	17

	Seite		Seite
Hochreutener, Norbert	12	König, Swen	41
Hodgson, Roy	23	Kramer, Edmond	64
Hoeness, Uli	65	Kreis, Georg	16
Hogan, James	40	Kuhn, Alice	27
Hoyzer, Robert	83	Kuhn, Jakob «Köbi»	9
Hrubesch, Horst	66	Künzli, Fritz	28
Hubacher, Helmut	43	Kürschner, Izidor «Dori»	40
Huber, Wolfgang	77	Lacher, Maximilian	103
Huggel, Benjamin	37	Lämmli, Ernst	99
Hügi, Seppe	32	Lamour, Jean-François	54
Huguenin, Marianne	48	Lampard, Frank	78
Humphreys, Richie	96	Laudrup, Michael	61
Hurst, Geoff	13	Lauener, Kuno	57
Hüssy, René	28	Ledergerber, Elmar	59
Imhof, Daniel	103	Leimgruber, Theres	27
Inler, Gökhan	9	Leimgruber, Werner	27
Iten, Stefan	42	Leterme, Yves	19
Jaschin, Lew	64	Le Tissier, Matt	97
Jeandupeux, Daniel	28	Leuenberger, Moritz	47
Jeker, Robert A.	46	Leuthard, Doris	44
Joder, Rudolf	50	Leutenegger Oberholzer, Susanne	49
Johannes Paul II.	79		
Johansson, Lennart	90	Lichtsteiner, Stephan	9
John-Calame, Francine	50	Linder, Anna	51
Jorge, Artur	40	Lizarazu, Bixente	67
Kahn, Oliver	89	Lodi, Dan	14
Kainrath, Tini	20	Loepfe, Arthur	49
Kaká (Ricardo Izecson dos Santos Leite)	97	Lörtscher, Ernst	91
		Louves, Fabienne	11
Kallen, Martin	85	Magnin, Joël	31
Kaltz, Manfred	91	Magnin, Ludovic	6
van de Kerkhof, René	90	Maier, Sepp	65
van de Kerkhof, Willy	90	Maissen, Erni	88
Kern, Dani	72	Makelele, Claude	33
Kiener Nellen, Margret	10	Maksimovic, Boban	42
Killat, Arthur	43	Malouda, Florent	33
Klee, Paul	105	Maradona, Diego Armando	89
Klinsmann, Jürgen	70	Margairaz, Xavier	9
Kluivert, Patrick	70	Marti, Andreas	7
Knup, Adrian	23	Martin, Michael	89
Kobelt, Karl	12	Martins, Obafemi	97
Kohler, Pierre	49	Materazzi, Marco	34
Koller, Christian	28	Mathier, Marcel	44
Koller, Marcel	31	Matthäus, Lothar	60

	Seite		Seite
Matti, René	89	Pfister, Gertrud	100
Maurer, Louis	40	Pirlo, Andrea	33
Mazzola, Sandro	65	Platini, Michel	66
McCurry, Michael	72	Podolski, Lukas	69
Meier, Urs	61	Pollitz, Aron	64
Meir Abdulrahman, Eissa	90	Pont, Michel	99
Meir Abdulrahman, Ibrahim	90	Ponte, Raimondo	88
Mengotti, Adolf	64	Preisig, Giona	42
Merz, Hans-Rudolf	48	Prinz, Birgit	89
Messi, Lionel	93	Prohaska, Herbert	89
Metzelder, Christoph	77	Pulver, Hans	64
Meyer, Remo	60	Quentin, René	25
Michaud, Bruno	40	Quinche, Roger	89
Milosavac, Marko	42	Ramseyer, Rudolf	64
Milosevic, Savo	70	Randegger, Johannes	50
Minelli, Severino	31	Rappan, Karl	40
Möller, Andreas	96	Ratzinger, Joseph	77
Montero, Rosa	19	Razzetti, Stefano	91
Morales, Evo	61	Recordon, Luc	50
Müller, Gerd	65	Rehhagel, Otto	68
Müller, Geri	11	Reich, Richard	100
Müller, Heinrich	40	Reich, Ruedi	76
Müller, Kudi	28	Rennwald, Jean-Claude	49
Müller, Patrick	8	Rey, Alexandre	31
Münch, Hubert	104	Reymond, Adolphe	64
Møller Nielsen, Richard	67	Ribéry, Franck	33
Nause, Reto	51	Riklin, Kathy	50
Neeskens, Johann	85	Rimet, Jules	12
Netzer, Günter	65	Riva, Luigi	65
Niedermaier, Stefan	59	Rivera, Gianni	65
NKufo, Blaise	9	Robert the Bruce	16
Noser, Ruedi	50	Robinson, Paul	92
Oberhauser, August	64	Romieux, C. L.	9
Odermatt, Karl	26	Rooney, Wayne	32
Ogi, Adolf	44	Rossi, Luisa	27
Overath, Wolfgang	28	Rubattel, Rodolphe	19
Pache, Robert	64	Ruefer, Sascha	72
Panenka, Antonin	65	Rüegsegger, Hans	40
Panzer, Gusti	18	Rufer, Wynton	97
Pascolo, Marco	92	Rzajew, Vidadi	26
Pelé (Edison Arantes do Nascimento)	89	Salzgeber, Rainer Maria	73
		Schelbert, Louis	50
Petit, Emanuel	67	Schenk, Simon	49
Petitpierre, Max	12	Schertenleib, Hansjörg	100

Name	Seite	Name	Seite
Schily, Otto	13	Trézéguet, David	34
Schlauri, Christian	42	Trossero, Enzo	31
Schmiedlin, Paul	64	von Tschammer und Osten, Hans	54
Schmid, Jürg	56		
Schmid, Samuel	46	Tschäppät, Alexander	57
Schneider, Peter	76	Tugay, Kerimoglu	97
Schneiter, Heinz	23	Tully, Charlie	92
Schneuwly, Marco	42	Türkyilmaz, Kubilay	94
Schön, Helmut	54	Ulrichs, Hans-Georg	77
Schröder, Gerhard	58	Varela, Carlos	104
Seeberger, Jürgen	86	Vischer, Daniel	51
Senderos, Philippe	9	Verdon, Yann	42
Sforza, Ciriaco	23	Vogel, Erich	98
Shearer, Alan	70	Vogel, Johann	27
Sina	11	Vollmer, Peter	48
Siqueira-Barras, Henri	41	Vonlanthen, Johan	8
Smiljanic, Boris	95	Vonlanthen, Roger	40
Sobotka, Georges	40	Walaschek, Eugène «Genia»	90
Spagnoli, Jacques	40	Wald, Karl	35
Spiess, Giangiorgio	91	Walker, Léon	40
Spiess, Matthias	98	Wallace, William	16
Spycher, Christoph	8	Walser, Martin	105
Stahl, Jürg	49	Walter, Fritz	89
Stankovic, Dejan	72	Wandfluh, Hansruedi	49
Staudenmann, Albert	89	Weber, Martin	51
Steinegger, Franz	44	Weber-Klüver, Katrin	101
Stiel, Jörg	73	Weibel, Benedikt	55
Stielike, Uli	40	Weiler, Walter	90
Stolba, Petra	56	Wesson, John	95
Stoob, Marcel	93	Wicky, Raphaël	9
Streller, Marco	6	Widmer, Leonhard	17
Strittmatter, Anton	71	Widmer-Schlumpf, Eveline	88
Ströbele, Hans-Christian	13	Williamson, Roy	16
Studer, Heiner	47	Winiger, Melanie	85
Sturzenegger, Paul	64	Wittgenstein, Ludwig	86
Sutter, Alain	23	Wolfisberg, Paul	40
Sutter, Beat	16	Woodward, Vivian	25
Taffarel, Cláudio	97	Würmli, Diego	41
Teuscher, Franziska	49	Wyler, Dani	72
Thommen, Ernst «Ätti»	28	Yakin, Hakan	9
Thuram, Liliam	67	Yakin, Murat	26
Thurnheer, Bernard	9	Zäch, Guido	49
Tornyi, Attila	103	Zaugg, Hans-Peter	40
Trapattoni, Giovanni	60	Zemp, Beat W.	71

	Seite
Zewlakow, Marcin	90
Zewlakow, Michal	90
Zidane, Zinédine	33
Ziegler, Reto	41
Zimmermann, Herbert	13
Zloczower, Ralph	68
Zoff, Dino	65
Zuberbühler, Pascal	8
Zwyssig, Alberik	17